ARTHUR SCHOPENHAUER

Maximen und Weisheiten

ARTHUR SCHOPENHAUER

Maximen und Weisheiten

Verlag
Werner Dausien

Erstes Kapitel

Alltägliche Hudeleien

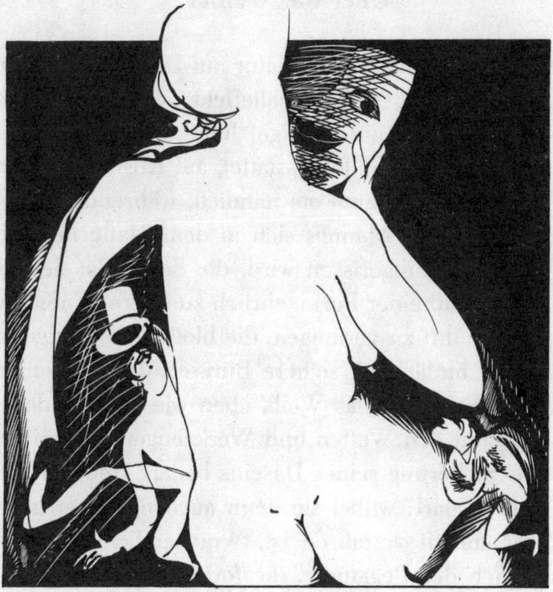

Mit den menschlichen Glückszuständen verhält es sich meistens wie mit gewissen Baumgruppen, welche von fern gesehen, sich wunderschön ausnehmen: geht man aber hinan und hinein, so verschwindet diese Schönheit: man weiß nicht wo sie geblieben ist und steht eben zwischen Bäumen. Darauf beruht es, daß wir so oft die Lage des Andern beneiden.

Über die Weiber*

Mit den Mädchen hat es die Natur auf Das, was man im dramaturgischen Sinne, einen Knalleffekt nennt, abgesehen, indem sie dieselben, auf wenige Jahre, mit überreichlicher Schönheit, Reiz und Fülle ausstattet, auf Kosten ihrer ganzen übrigen Lebenszeit, damit sie nämlich, während jener Jahre, der Phantasie eines Mannes sich in dem Maße bemächtigen könnten, daß er hingerissen wird, die Sorge für sie auf Zeit Lebens, in irgend einer Form, ehrlich zu übernehmen; zu welchem Schritte ihn zu vermögen, die bloße vernünftige Ueberlegung keine hinlänglich sichere Bürgschaft zu geben schien. Sonach hat die Natur das Weib, eben wie jedes andere ihrer Geschöpfe, mit den Waffen und Werkzeugen ausgerüstet, deren es zur Sicherung seines Daseins bedarf, und auf die Zeit, da es ihrer bedarf; wobei sie denn auch mit ihrer gewöhnlichen Sparsamkeit verfahren ist. Wie nämlich die weibliche Ameise, nach der Begattung, die fortan überflüssigen, ja, für das Brutverhältniß gefährlichen Flügel verliert; so meistens nach einem oder zwei Kindbetten, das Weib seine Schönheit; wahrscheinlich sogar aus dem selben Grunde.

Dem entsprechend halten die jungen Mädchen ihre häuslichen, oder gewerblichen Geschäfte, in ihrem Herzen, für Nebensache, wohl gar für bloßen Spaß: als ihren allein ernstlichen Beruf betrachten sie die Liebe, die Eroberungen und was damit in Verbindung steht, wie Toilette, Tanz u. s. w.

Je edler und vollkommener eine Sache ist, desto später und langsamer gelangt sie zur Reife. Der Mann erlangt die Reife seiner Vernunft und Geisteskräfte kaum vor dem acht und

* So gekennzeichnete Überschriften stammen vom Autor.

zwanzigsten Jahre; das Weib mit dem achtzehnten. Aber es ist auch eine Vernunft danach: eine gar knapp gemessene. Daher bleiben die Weiber ihr Leben lang Kinder, sehn immer nur das Nächste, kleben an der Gegenwart, nehmen den Schein der Dinge für die Sache und ziehn Kleinigkeiten den wichtigen Angelegenheiten vor. Die Vernunft nämlich ist es, vermöge deren der Mensch nicht, wie das Thier, bloß in der Gegenwart lebt, sondern Vergangenheit und Zukunft übersieht und bedenkt; woraus dann seine Vorsicht, seine Sorge und häufige Beklommenheit entspringt. Der Vortheile, wie der Nachtheile, die Dies bringt, ist das Weib, in Folge seiner schwächern Vernunft, weniger theilhaft; vielmehr ist derselbe ein geistiger Myops, indem sein intuitiver Verstand in der Nähe scharf sieht, hingegen einen engen Gesichtskreis hat, in welchen das Entfernte nicht fällt; daher eben alles Abwesende, Vergangene, Künftige, viel schwächer auf die Weiber wirkt, als auf uns, woraus denn auch der bei ihnen viel häufigere und bisweilen an Verrücktheit grenzende Hang zur Verschwendung entspringt. Die Weiber denken in ihrem Herzen, die Bestimmung der Männer sei, Geld zu verdienen, die ihre hingegen, es durchzubringen; wo möglich schon bei Lebzeiten des Mannes, wenigstens aber nach seinem Tode. Schon daß der Mann das Erworbene ihnen zur Haushaltung übergiebt, bestärkt sie in dem Glauben. – So viele Nachtheile Dies alles zwar mit sich führt, so hat es doch das Gute, daß das Weib mehr in der Gegenwart aufgeht, als wir, und daher diese, wenn sie nur erträglich ist, besser genießen, woraus die dem Weibe eigenthümliche Heiterkeit hervorgeht, welche sie zur Erholung, erforderlichen Falles zum Troste des sorgenbelasteten Mannes eignet.

In schwierigen Angelegenheiten, nach Weise der alten Germanen, auch die Weiber zu Rathe zu ziehn, ist keineswegs verwerflich: denn ihre Auffassungsweise der Dinge ist von der unsrigen ganz verschieden und zwar besonders dadurch, daß sie gern den kürzesten Weg zum Ziele und überhaupt das zunächst Liegende ins Auge faßt, über welches wir, eben weil es vor unserer Nase liegt, meistens weit hinwegsehn; wo es uns dann Noth thut, darauf zurückgeführt zu werden, um die nahe und einfache Ansicht wieder zu gewinnen. Hiezu kommt, daß die Weiber entschieden nüchterner sind, als wir; wodurch sie in den Dingen nicht mehr sehn, als wirklich da ist; während wir, wenn unsere Leidenschaften erregt sind, leicht das Vorhandene vergrößern, oder Imaginäres hinzufügen.

Aus der selben Quelle ist es abzuleiten, daß die Weiber mehr Mitleid und daher mehr Menschenliebe und Theilnahme an Unglücklichen zeigen, als die Männer: hingegen aber im Punkte der Gerechtigkeit, Redlichkeit und Gewissenhaftigkeit, diesen nachstehn. Denn in Folge ihrer schwachen Vernunft übt das Gegenwärtige, Anschauliche, unmittelbar Reale eine Gewalt über sie aus, gegen welche die abstrakten Gedanken, die stehenden Maximen, die festgefaßten Entschlüsse, überhaupt die Rücksicht auf Vergangenheit und Zukunft, auf Abwesendes und Entferntes, selten viel vermögen.

— Demgemäß wird man als den Grundfehler des weiblichen Charakters *Ungerechtigkeit* finden. Er entsteht zunächst aus dem dargelegten Mangel an Vernünftigkeit und Ueberlegung, wird zudem aber noch dadurch unterstützt, daß sie, als die schwächeren, von der Natur nicht auf die Kraft, sondern auf die List angewiesen sind: daher ihre instinktartige Verschlagenheit und ihr unvertilgbarer Hang zum Lügen. Denn, wie den Löwen mit Klauen und Gebiß, den Elephanten mit Stoßzähnen, den Eber mit Hauern, den Stier mit Hörnern und die Sepia mit der wassertrübenden Tinte, so hat die Natur das Weib mit Verstellungskraft ausgerüstet, zu seinem Schutz und Wehr, und hat alle die Kraft, die sie dem Manne als körperliche Stärke und Vernunft verlieh, dem Weibe in Gestalt jener Gabe zugewendet. Die Verstellung ist ihm demnach angeboren, deshalb auch fast so sehr dem dummen, wie dem klugen Weibe eigen. Von derselben bei jeder Gelegenheit Gebrauch zu machen ist ihm daher so natürlich, wie jenen Thieren, bei Angriff, sogleich ihre Waffen anzuwenden, und empfindet es sich dabei gewissermaßen als seine Rechte gebrauchend. Darum ist ein ganz wahrhaftes, unverstelltes Weib vielleicht unmöglich. Eben deshalb durchschauen sie fremde Verstellung so leicht, daß es nicht rathsam ist, ihnen gegenüber, es damit zu versuchen. – Aus dem aufgestellten Grundfehler und seinen Beigaben entspringt aber Falschheit, Treulosigkeit, Verrath, Undank u. s. w. Der gerichtlichen Meineide machen Weiber sich viel öfter schuldig, als Männer. Es ließe sich überhaupt in Frage stellen, ob sie zum Eide zuzulassen sind. – Von Zeit zu Zeit wiederholt sich überall der Fall, daß Damen, denen nichts abgeht, in Kaufmannsläden etwas heimlich einstecken und entwenden.

Weil im Grunde die Weiber ganz allein zur Propagation des Geschlechts da sind und ihre Bestimmung hierin aufgeht; so leben sie durchweg mehr in der Gattung, als in den Individuen, nehmen es in ihrem Herzen ernstlicher mit den Angelegenheiten der Gattung, als mit den individuellen. Dies giebt ihrem ganzen Wesen und Treiben einen gewissen Leichtsinn und überhaupt eine von der des Mannes von Grund aus verschiedene Richtung, aus welcher die so häufige und fast normale Uneinigkeit in der Ehe erwächst.

Das niedrig gewachsene, schmalschultrige, breithüftige und kurzbeinige Geschlecht das schöne nennen konnte nur der vom Geschlechtstrieb umnebelte männliche Intellekt: in diesem Triebe nämlich steckt seine ganze Schönheit. Mit mehr Fug, als das schöne, könnte man das weibliche Geschlecht das *unästhetische* nennen. Weder für Musik, noch Poesie, noch bildende Künste haben sie wirklich und wahrhaftig Sinn und Empfänglichkeit; sondern bloße Aefferei, zum Behuf ihrer

Gefallsucht, ist es, wenn sie solche affektiren und vorgeben. Das macht, sie sind keines *rein objektiven Antheils* an irgend etwas fähig, und der Grund hievon ist, denke ich, folgender. Der Mann strebt in Allem eine *direkte* Herrschaft über die Dinge an, entweder durch Verstehen oder durch Bezwingen derselben. Aber das Weib ist immer und überall auf eine bloße *indirekte* Herrschaft verwiesen, nämlich mittelst des Mannes, als welchen allein es direkt zu beherrschen hat. Darum liegt es in der Weiber Natur, Alles nur als Mittel, den Mann zu gewinnen, anzusehn, und ihr Antheil an irgend etwas Anderem ist immer nur ein simulirter, ein bloßer Umweg, d. h. läuft auf Koketterie und Aefferei hinaus.

Sie sind sexus sequior [das geringere Geschlecht], das in *jedem* Betracht zurückstehende, zweite Geschlecht, dessen Schwäche man demnach schonen soll, aber welchem Ehrfurcht zu bezeugen über die Maßen lächerlich ist und uns in ihren eigenen Augen herabsetzt. Als die Natur das Menschengeschlecht in zwei Hälften spaltete, hat sie den Schnitt nicht gerade durch die Mitte geführt. Bei aller Polarität ist der Unterschied des positiven vom negativen Pol kein bloß qualitativer, sondern zugleich ein quantitativer. – So haben eben auch die Alten und die orientalischen Völker die Weiber angesehen und danach die ihnen angemessene Stellung viel richtiger erkannt als wir mit unsrer altfranzösischen Galanterie und abgeschmackter Weiberveneration, dieser höchsten Blüthe christlich-germanischer Dummheit, welche nur gedient hat, sie so arrogant und rücksichtslos zu machen, daß man bisweilen an die heiligen Affen in Benares erinnert wird, welche, im Bewußtsein ihrer Heiligkeit und Unverletzlichkeit, sich Alles und Jedes erlaubt halten.

Metaphysik der Geschlechtsliebe+

Die Dichter ist man gewohnt hauptsächlich mit der Schilderung der Geschlechtsliebe beschäftigt zu sehen. Diese ist in der Regel das Hauptthema aller dramatischen Werke, der tragischen, wie der komischen, der romantischen, wie der klassischen, der Indischen, wie der Europäischen: nicht weniger ist sie der Stoff des bei Weitem größten Theils der lyrischen Poesie, und ebenfalls der epischen; zumal wenn wir dieser die hohen Stöße von Romanen beizählen wollen, welche, in allen civilisirten Ländern Europas, jedes Jahr so regelmäßig wie die Früchte des Bodens erzeugt, schon seit Jahrhunderten. Alle diese Werke sind, ihrem Hauptinhalte nach, nichts Anderes, als vielseitige, kurze oder ausführliche Beschreibungen der in Rede stehenden Leidenschaft. Auch haben die gelungensten Schilderungen derselben, wie z. B. Romeo und Julie, die neue Heloise, der Werther, unsterblichen Ruhm erlangt.

Den wenigsten Beifall habe ich übrigens von Denen zu hoffen, welche gerade selbst von dieser Leidenschaft beherrscht sind, und demnach in den sublimsten und ätherischesten Bildern ihre überschwänglichen Gefühle auszudrücken suchen: ihnen wird meine Ansicht zu physisch, zu materiell erscheinen; so metaphysisch, ja transscendent, sie auch im Grunde ist. Mögen sie vorläufig erwägen, daß der Gegenstand, welcher sie heute zu Madrigalen und Sonetten begeistert, wenn er 18 Jahre früher geboren wäre, ihnen kaum einen Blick abgewonnen hätte. Denn alle Verliebtheit, wie ätherisch sie sich auch geberden mag, wurzelt allein im Geschlechtstriebe, ja, ist durchaus nur ein näher bestimmter, specialisirter, wohl im strengsten Sinn individualisirter Geschlechtstrieb.

Wenn man nun, dieses fest haltend, die wichtige Rolle betrachtet, welche die Geschlechtsliebe in allen ihren Abstufungen und Nuancen, nicht bloß in Schauspielen und Romanen, sondern auch in der wirklichen Welt spielt, wo sie nächst der Liebe zum Leben, sich als die stärkste und thätigste aller Triebfedern erweist, die Hälfte der Kräfte und Gedanken des jüngeren Theiles der Menschheit fortwährend in Anspruch nimmt, das letzte Ziel fast jedes menschlichen Bestrebens ist, auf die wichtigsten Angelegenheiten nachtheiligen Einfluß erlangt, die ernsthaftesten Beschäftigungen zu jeder Stunde unterbricht, bisweilen selbst die größten Köpfe auf eine Weile in Verwirrung setzt, sich nicht scheut, zwischen die Verhandlungen der Staatsmänner und die Forschungen der Gelehrten, störend, mit ihrem Plunder einzutreten, ihre Liebesbriefchen und Haarlöckchen sogar in ministerielle Portefeuilles und philosophische Manuskripte einzuschieben versteht, nicht minder täglich die verworrensten und schlimmsten Händel anzettelt, die werthvollsten Verhältnisse auflöst, die festesten Bande zerreißt, bisweilen Leben, oder Gesundheit, bisweilen Reichthum, Rang und Glück zu ihrem Opfer nimmt, ja, den sonst Redlichen gewissenlos, den bisher Treuen zum Verräther macht, demnach im Ganzen auftritt als ein feindseliger Dämon, der Alles zu verkehren, zu verwirren und umzuwerfen bemüht ist; — da wird man veranlaßt auszurufen: Wozu der Lärm? Wozu das Drängen, Toben, die Angst und die Noth? Es handelt sich ja bloß darum, daß jeder Hans seine Grethe* finde: weshalb sollte eine solche Kleinigkeit eine so wichtige Rolle spielen und unaufhörlich Störung und Verwirrung in das wohlgeregelte Menschenleben bringen? —

Aber dem ernsten Forscher enthüllt allmälig der Geist der Wahrheit die Antwort: Es ist keine Kleinigkeit, worum es sich hier handelt; vielmehr ist die Wichtigkeit der Sache dem Ernst und Eifer des Treibens vollkommen angemessen. Der Endzweck aller Liebeshändel, sie mögen auf dem Sockus, oder

* Ich habe mich hier nicht eigentlich ausdrücken dürfen: der geneigte Leser hat daher die Phrase in eine Aristophanische Sprache zu übersetzen.

dem Kothurn gespielt werden, ist wirklich wichtiger, als alle andern Zwecke im Menschenleben, und daher des tiefen Ernstes, womit Jeder ihn verfolgt, völlig werth. Das nämlich, was dadurch entschieden wird, ist nichts Geringeres, als *die Zusammensetzung der nächsten Generation.* Die dramatis personae [Personen des Dramas], welche auftreten werden, wann wir abgetreten sind, werden hier, ihrem Dasein und ihrer Beschaffenheit nach, bestimmt, durch diese so frivolen Liebeshändel.

Daß dieses bestimmte Kind erzeugt werde, ist der wahre, wenngleich den Theilnehmern unbewußte Zweck des ganzen Liebesromans; die Art und Weise, wie er erreicht wird, ist Nebensache.

Die wachsende Zuneigung zweier Liebenden ist eigentlich schon der Lebenswille des neuen Individuums, welches sie zeugen können und möchten; ja, schon im Zusammentreffen ihrer sehnsuchtsvollen Blicke entzündet sich ein neues Leben, und giebt sich kund als eine künftig harmonische, wohl zusammengesetzte Individualität.

Übermaß

Unmäßige Freude und sehr heftiger Schmerz finden sich immer nur in derselben Person ein: denn beide bedingen sich wechselseitig und sind auch gemeinschaftlich durch große Lebhaftigkeit des Geistes bedingt.

Jammer und Schuld

Könnte man allen Jammer der Welt in eine Wagschale legen, und alle Schuld der Welt in die andere; so würde gewiß die Zunge einstehen.

Alltägliche Hudeleien

Die kleinen Unfälle, die uns stündlich vexiren, kann man betrachten als bestimmt, uns in Uebung zu erhalten, damit die Kraft, die großen zu ertragen, im Glück nicht ganz erschlaffe. Gegen die täglichen Hudeleien, kleinlichen Reibungen im menschlichen Verkehr, unbedeutenden Anstöße, Ungebührlichkeiten Anderer, Klatschereien u. dgl. m. muß man ein gehörnter Siegfried sein, d. h. sie gar nicht empfinden, weit weniger sich zu Herzen nehmen und darüber brüten: sondern von dem Allen nichts an sich kommen lassen, es von sich stoßen wie Steinchen, die im Wege liegen, und keineswegs es aufnehmen in das Innere seiner Ueberlegung und Rumination.

Was aber die Leute gemeiniglich das Schicksal nennen sind meistens nur ihre eigenen dummen Streiche.

Not und Langeweile

Wie die Noth die beständige Geißel des Volkes ist, so die Langeweile die der vornehmen Welt. Im bürgerlichen Leben ist sie durch den Sonntag, wie die Noth durch die sechs Wochentage repräsentirt.

Gemütsruhe

Ueberhaupt aber kann Jeder im *vollkommensten Einklange* nur mit sich selbst stehn; nicht mit seinem Freunde, nicht mit seiner Geliebten: denn die Unterschiede der Individualität und Stimmung führen allemal eine, wenn auch geringe, Dissonanz herbei. Daher ist der wahre, tiefe Friede des Herzens und die vollkommene Gemüthsruhe, dieses, nächst der Gesundheit, höchste irdische Gut, allein in der Einsamkeit zu finden und als dauernde Stimmung nur in der tiefsten Zurückgezogenheit. Ist dann das eigene Selbst groß und reich; so genießt man den glücklichsten Zustand, der auf dieser armen Erde gefunden werden mag. Ja, es sei herausgesagt: so eng auch Freundschaft, Liebe und Ehe Menschen verbinden; *ganz ehrlich* meint Jeder es am Ende doch nur mit sich selbst und höchstens noch mit seinem Kinde.

Grundgesinnung gegen andere

Der Punkt, an welchem die moralischen Tugenden und Laster des Menschen zuerst auseinandergehn, ist jener Gegensatz der Grundgesinnung gegen Andere, welche nämlich entweder den Charakter des Neides, oder aber den des Mitleides annimmt. Denn diese zwei einander diametral entgegengesetzten Eigenschaften trägt jeder Mensch in sich, indem sie entspringen aus der ihm unvermeidlichen Vergleichung seines eigenen Zustandes mit dem der Andern: je nachdem nun das Resultat dieser auf seinen individuellen Charakter wirkt, wird die eine oder die andere Eigenschaft seine Grundgesinnung und die Quelle seines Handelns. Der Neid nämlich baut die Mauer zwischen Du und Ich fester auf: dem Mitleid wird sie dünn und durchsichtig; ja bisweilen reißt es sie ganz ein, wo dann der Unterschied zwischen Ich und Nicht-Ich verschwindet.

Sattle gut und reite getrost

Man überlege ein Vorhaben reiflich und wiederholt, ehe man dasselbe ins Werk setzt, und selbst nachdem man Alles auf das Gründlichste durchdacht hat, räume man noch der Unzulänglichkeit aller menschlichen Erkenntniß etwas ein, in Folge welcher es immer noch Umstände geben kann, die zu erforschen oder vorherzusehn unmöglich ist und welche die ganze Berechnung unrichtig machen könnten. Dieses Bedenken wird stets ein Gewicht auf die negative Schaale legen und uns anrathen, in wichtigen Dingen, ohne Noth, nichts zu rühren: quieta non movere [was ruht, nicht bewegen]. Ist man aber ein Mal zum Entschluß gekommen und hat Hand ans Werk gelegt, so daß jetzt Alles seinen Verlauf zu nehmen hat und nur noch der Ausgang abzuwarten steht; dann ängstige man sich nicht durch wiederholtes Bedenken der möglichen Gefahr; vielmehr entschlage man der Sache sich jetzt gänzlich, halte das ganze Gedankenfach derselben verschlossen, sich mit der Ueberzeugung beruhigend, daß man Alles zu seiner Zeit reiflich erwogen habe. Diesen Rath ertheilt auch das italienische Sprichwort legala bene e poi lascia la andare, welches Goethe übersetzt „Du, sattle gut, und reite getrost"; — wie denn beiläufig gesagt, ein großer Theil seiner unter der Rubrik „Sprichwörtlich" gegebenen Gnomen übersetzte Sprichwörter sind. — Kommt dennoch ein schlimmer Ausgang; so ist es, weil alle menschlichen Angelegenheiten dem Zufall und dem Irrthum unterliegen.

Jeder Tag ein kleines Leben

Jeder Tag ist *ein kleines Leben,* – jedes Erwachen und Aufstehn eine kleine Geburt, jeder frische Morgen eine kleine Jugend, und jedes zu Bette Gehn und Einschlafen ein kleiner Tod.

Verlust und Besitz

Beim Anblick Dessen, was wir nicht besitzen, steigt gar leicht in uns der Gedanke auf: „wie, wenn Das mein wäre?“ und er macht uns die Entbehrung fühlbar. Statt Dessen sollten wir öfter fragen: „wie, wenn Das nicht mein wäre?“ Ich meine, wir sollten Das, was wir besitzen, bisweilen so anzusehn uns bemühen, wie es uns vorschweben würde, nachdem wir es verloren hätten; und zwar Jedes, was es auch sei: Eigenthum, Gesundheit, Freund, Geliebte, Weib, Kind, Pferd und Hund: denn meistens belehrt erst der Verlust uns über den Werth der Dinge. Hingegen in Folge der anempfohlenen Betrachtungsweise derselben wird erstlich ihr Besitz uns unmittelbar mehr, als zuvor, beglücken, und zweitens werden wir auf alle Weise dem Verlust vorbeugen, also das Eigenthum nicht in Gefahr bringen, die Freunde nicht erzürnen, die Treue des Weibes nicht der Versuchung aussetzen, die Gesundheit der Kinder bewachen u. s. f.

Schiebfächer unserer Gedanken

Weil die uns betreffenden Angelegenheiten und Begebenheiten ganz vereinzelt, ohne Ordnung und ohne Beziehung auf einander, im grellsten Kontrast und ohne irgend etwas Gemeinsames, als eben daß sie unsere Angelegenheiten sind, auftreten und durcheinanderlaufen; so muß unser Denken und Sorgen um sie eben so abrupt sein, damit es ihnen entspreche. — Sonach müssen wir, wenn wir Eines vornehmen, von allem Andern abstrahiren und uns der Sache entschlagen, um Jedes zu seiner Zeit zu besorgen, zu genießen, zu erdulden, ganz unbekümmert um das Uebrige: wir müssen also gleichsam Schiebfächer unserer Gedanken haben, von denen wir eines öffnen, derweilen alle andern geschlossen bleiben. Dadurch erlangen wir, daß nicht eine schwer lastende Sorge jeden kleinen Genuß der Gegenwart verkümmere und uns alle Ruhe raube; daß nicht eine Ueberlegung die andere verdränge; daß nicht die Sorge für eine wichtige Angelegenheit die Vernachlässigung vieler geringen herbeiführe u. s. f. Zumal aber soll, wer hoher und edeler Betrachtungen fähig ist, seinen Geist durch persönliche Angelegenheiten und niedrige Sorgen nie so ganz einnehmen und erfüllen lassen, daß sie jenen den Zugang versperren: denn das wäre recht eigentlich propter vitam vivendi perdere causas [um zu leben, den Zweck des Lebens verderben].

Freilich ist zu dieser Lenkung und Ablenkung unserer selbst, wie zu so viel Anderm, Selbstzwang erfordert: zu diesem aber sollte uns die Ueberlegung stärken, daß jeder Mensch gar vielen und großen Zwang von außen zu erdulden hat, ohne welchen es in keinem Leben abgeht; daß jedoch ein kleiner, an der rechten Seite angebrachter Selbstzwang nachmals vielem Zwange von außen vorbeugt; wie ein kleiner Abschnitt des Kreises zunächst dem Centro einem oft hundert Mal größern an der Peripherie entspricht. Durch nichts entziehn wir uns so sehr dem Zwange von außen wie durch Selbstzwang, das besagt Seneka's Ausspruch: si tibi vis omnia subjicere, te subjice rationi, (ep. 37) [willst du dir alles unterwerfen, so unterwirf dich der Vernunft]. Auch haben wir den Selbstzwang noch immer in der Gewalt, und können, im äußersten Falle, oder wo er unsere empfindlichste Stelle trifft, etwas nachlassen: hingegen der Zwang von außen ist ohne Rücksicht, ohne Schonung und unbarmherzig. Daher ist es weise, diesem durch jenen zuvorzukommen.

Unser Dasein nämlich ist ein wesentlich rastloses: daher wird die gänzliche Unthätigkeit uns bald unerträglich, indem sie die entsetzlichste Langeweile herbeiführt. Diesen Trieb nun soll man regeln, um ihn methodisch und dadurch besser zu befriedigen. Daher also ist Thätigkeit, etwas treiben, wo möglich etwas machen, wenigstens aber etwas lernen, — zum

Glück des Menschen unerläßlich; seine Kräfte verlangen nach ihrem Gebrauch und er möchte den Erfolg desselben irgendwie wahrnehmen. Die größte Befriedigung jedoch, in dieser Hinsicht, gewährt es etwas zu *machen,* zu verfertigen, sei es ein Korb, sei es ein Buch; aber daß man ein Werk unter seinen Händen täglich wachsen und endlich seine Vollendung erreichen sehe, beglückt unmittelbar. Dies leistet ein Kunstwerk, eine Schrift, ja selbst eine bloße Handarbeit; freilich, je edlerer Art das Werk, desto höher der Genuß. Am glücklichsten sind, in diesem Betracht, die Hochbegabten, welche sich der Fähigkeit zur Hervorbringung bedeutsamer, großer und zusammenhängender Werke bewußt sind. Denn dadurch verbreitet ein Interesse höherer Art sich über ihr ganzes Dasein und ertheilt ihm eine Würze, welche dem der Uebrigen abgeht, welches demnach, mit jenem verglichen, gar schaal ist. Für sie nämlich hat das Leben und die Welt, neben dem Allen gemeinsamen, materiellen, noch ein zweites und höheres, ein formelles Interesse, indem es den Stoff zu ihren Werken enthält, mit dessen Einsammlung sie, ihr Leben hindurch, emsig beschäftigt sind, sobald nur die persönliche Noth sie irgend athmen läßt. Auch ist ihr Intellekt gewissermaßen ein doppelter: theils einer für die gewöhnlichen Beziehungen (Angelegenheiten des Willens), gleich dem aller Andern; theils einer für die rein objektive Auffassung der Dinge. So leben sie zwiefach, sind Zuschauer und Schauspieler zugleich, während die Uebrigen letzteres allein sind. –

Inzwischen treibe Jeder etwas, nach Maßgabe seiner Fähigkeiten. Denn wie nachtheilig der Mangel an planmäßiger Thätigkeit, an irgend einer Arbeit, auf uns wirke, merkt man auf langen Vergnügungsreisen, als wo man, dann und wann, sich recht unglücklich fühlt; weil man, ohne eigentliche Beschäftigung, gleichsam aus seinem natürlichen Elemente gerissen ist. Sich zu mühen und mit dem Widerstande zu kämpfen ist dem Menschen Bedürfniß, wie dem Maulwurf das Graben.

Hindernisse überwinden ist der Vollgenuß seines Daseins; sie mögen materieller Art sein, wie beim Handeln und Treiben, oder geistiger Art, wie beim Lernen und Forschen: der Kampf mit ihnen und der Sieg beglückt.

Lebensempfindung

Wenn der ganze Leib gesund und heil ist, bis auf irgend eine kleine wunde, oder sonst schmerzende Stelle; so tritt jene Gesundheit des Ganzen weiter nicht ins Bewußtsein, sondern die Aufmerksamkeit ist beständig auf den Schmerz der verletzten Stelle gerichtet und das Behagen der gesammten Lebensempfindung ist aufgehoben. – Eben so, wenn alle unsere Angelegenheiten nach unserm Sinne gehn, bis auf *eine*, die unsrer Absicht zuwider läuft, so kommt diese, auch wenn sie von geringer Bedeutung ist, uns immer wieder in den Kopf: wir denken häufig an sie und wenig an alle jene andern wichtigeren Dinge, die nach unserm Sinne gehn.

Leere Kutschen

Die allermeisten Herrlichkeiten sind bloß Schein, wie die Theaterdekoration, und das Wesen der Sache fehlt. Z. B. bewimpelte und bekränzte Schiffe, Kanonenschüsse, Illuminationen, Pauken und Trompeten, Jauchzen und Schreien u. s. w., dies Alles ist das Aushängeschild, die Andeutung, die Hieroglyphe der *Freude:* aber die Freude ist daselbst meistens nicht zu finden: sie allein hat beim Feste abgesagt. Wo sie sich wirklich einfindet, da kommt sie, in der Regel, ungeladen und unangemeldet, von selbst und sans façon [ohne Umstände], ja, still herangeschlichen, oft bei den unbedeutendesten, futilsten Anlässen, unter den alltäglichsten Umständen, ja, bei nichts weniger als glänzenden, oder ruhmvollen Gelegenheiten: sie ist, wie das Gold in Australien, hierhin und dorthin gestreut, nach der Laune des Zufalls, ohne alle Regel und Gesetz, meistens nur in ganz kleinen Körnchen, höchst selten in großen Massen. Bei allen jenen oben erwähnten Dingen hingegen ist auch der Zweck bloß, Andere glauben zu machen, hier wäre die Freude eingekehrt: dieser Schein, im Kopfe Anderer, ist die Absicht. Nicht anders als mit der Freude verhält es sich mit der Trauer. Wie schwermüthig kommt jener lange und langsame Leichenzug daher! der Reihe der Kutschen ist kein Ende. Aber seht nur hinein: sie sind alle leer, und der Verblichene wird eigentlich bloß von sämmtlichen Kutschern der ganzen Stadt zu Grabe geleitet. Sprechendes Bild der Freundschaft und Hochachtung dieser Welt! Dies also ist die Falschheit, Hohlheit und Gleißnerei des menschlichen Treibens. – Ein anderes Beispiel wieder geben viele geladene Gäste in Feierkleidung, unter festlichem Empfange; sie sind das Aushängeschild der edelen, erhöhten Geselligkeit: aber statt ihrer ist, in der Regel, nur Zwang, Pein und Langeweile gekommen: denn schon wo viele Gäste sind, ist viel Pack, – und hätten sie auch sämmtlich Sterne auf der Brust.

Weitläufige Anstalten

Ueberhaupt ist es eine der größten und häufigsten Thorheiten, daß man *weitläufige Anstalten* zum Leben macht, in welcher Art auch immer dies geschehe. Bei solchen nämlich ist zuvörderst auf ein ganzes und volles Menschenleben gerechnet; welches jedoch sehr wenige erreichen. Sodann fällt es, selbst, wenn sie so lange leben, doch für die gemachten Pläne zu kurz aus; da deren Ausführung immer sehr viel mehr Zeit erfordert, als angenommen war: ferner sind solche, wie alle menschlichen Dinge, dem Mißlingen, den Hindernissen so vielfach ausgesetzt, daß sie sehr selten zum Ziele gebracht werden. Endlich, wenn zuletzt auch Alles erreicht wird, so waren die Umwandlungen, welche die Zeit an *uns selbst* hervorbringt, außer Acht und Rechnung gelassen; also nicht bedacht worden, daß weder zum Leisten, noch zum Genießen, unsere Fähigkeiten das ganze Leben hindurch vorhalten. Daher kommt es, daß wir oft auf Dinge hinarbeiten, welche endlich erlangt, uns nicht mehr angemessen sind: wie auch, daß wir mit den Vorarbeiten zu einem Werke die Jahre hinbringen, welche derweilen unvermerkt uns die Kräfte zur Ausführung desselben rauben. So geschieht es denn oft, daß der mit so langer Mühe und vieler Gefahr erworbene Reichthum uns nicht mehr genießbar ist und wir für Andere gearbeitet haben; oder auch, daß wir den durch vieljähriges Treiben und Trachten endlich erreichten Posten auszufüllen nicht mehr im Stande sind: die Dinge sind zu spät für uns gekommen. Oder auch umgekehrt, wir kommen zu spät mit den Dingen; da nämlich, wo es sich um Leistungen, oder Produktionen handelt: der Geschmack der Zeit hat sich geändert: ein neues Geschlecht ist herangewachsen, welches an den Sachen keinen Antheil nimmt; Andere sind, auf kürzeren Wegen, uns zuvorgekommen u. s. f. Alles unter dieser Nummer Angeführte hat Horaz im Sinne, wenn er sagt:

quid aeternis minorem
Consiliis animum fatigas?
[Was mühst du deinen Geist ab,
der doch zu schwach ist für ewige Pläne?]

Der Anlaß zu diesem häufigen Mißgriff ist die unvermeidliche optische Täuschung des geistigen Auges, vermöge welcher das Leben vom Eingange aus gesehen, endlos, aber wenn man vom Ende der Bahn zurückblickt, sehr kurz erscheint. Freilich hat sie ihr Gutes: denn ohne sie käme schwerlich etwas Großes zu Stande. Ueberhaupt aber ergeht es uns im Leben wie dem Wanderer, vor welchem, indem er vorwärts schreitet, die Gegenstände andere Gestalten annehmen, als die sie von ferne zeigten, und sich gleichsam verwandeln, indem er sich nähert. Besonders geht es mit unsern Wünschen so. Oft finden wir etwas ganz Anderes, ja, Besseres, als wir suchten; oft auch das Gesuchte selbst auf einem ganz anderen Wege, als den wir zuerst vergeblich danach eingeschlagen hatten. Zumal wird uns oft da, wo wir Genuß, Glück, Freude suchten, statt ihrer Belehrung, Einsicht, Erkenntniß, — ein bleibendes, wahrhaftes Gut, statt eines vergänglichen und scheinbaren. Dies ist auch der Gedanke, welcher im Wilhelm Meister als Grundbaß durchgeht, indem dieser ein intellektueller Roman und eben dadurch höherer Art ist, als alle übrigen, sogar die von Walter Scott, als welche sämmtlich nur ethisch sind, d. h. die menschliche Natur bloß von der Willens-Seite auffassen.

Vergangenheit — Gegenwart — Zukunft

Ein wichtiger Punkt der Lebensweisheit besteht in dem richtigen Verhältniß, in welchem wir unsere Aufmerksamkeit theils der Gegenwart, theils der Zukunft widmen, damit nicht die eine uns die andere verderbe. Viele leben zu sehr in der Gegenwart: die Leichtsinnigen; — Andere zu sehr in der Zukunft: die Aengstlichen und Besorglichen. Selten wird Einer genau das rechte Maß halten. Die, welche, mittelst Streben und Hoffen, nur in der Zukunft leben, immer vorwärts sehn und mit Ungeduld den kommenden Dingen entgegeneilen, als welche allererst das wahre Glück bringen sollen, inzwischen aber die Gegenwart unbeachtet und ungenossen vorbeiziehen lassen, sind, trotz ihrer altklugen Mienen jenen Eseln in Italien zu vergleichen, deren Schritt dadurch beschleunigt wird, daß an einem, ihrem Kopf angehefteten Stock ein Bündel Heu hängt, welches sie daher stets dicht vor sich sehn und zu erreichen hoffen. Denn sie betrügen sich selbst um ihr ganzes Dasein, indem sie stets nur ad interim [vorläufig] leben, – bis sie todt sind. – Statt also mit den Plänen und Sorgen für die Zukunft ausschließlich und immerdar beschäftigt zu sein, oder aber uns der Sehnsucht nach der Vergangenheit hinzugeben, sollten wir nie vergessen, daß die Gegenwart allein real und allein gewiß ist; hingegen die Zukunft fast immer anders ausfällt, als wir sie bedenken; ja, auch die Vergangenheit anders war; und zwar so, daß es mit Beiden, im Ganzen, weniger auf sich hat, als es uns scheint. Denn die Ferne, welche dem Auge die Gegenstände verkleinert, vergrößert sie dem Gedanken. Die Gegenwart allein ist wahr und wirklich: sie ist die real erfüllte Zeit, und ausschließlich in ihr liegt unser Dasein. Daher sollten wir sie stets einer heitern Aufnahme würdigen, folglich jede erträgliche und von unmittelbaren Widerwärtigkeiten, oder Schmerzen, freie Stunde mit Bewußtsein als solche genießen, d. h. sie nicht trüben durch verdrießliche Gesichter, über verfehlte Hoffnungen in der Vergangenheit, oder Besorgnisse für die Zukunft. Denn es ist durchaus thöricht, eine gute gegenwärtige Stunde von sich zu stoßen, oder sie sich muthwillig zu verderben, aus Verdruß über das Vergangene, oder Besorgniß wegen des Kommenden.

Uns zu beunruhigen sind bloß solche künftige Uebel berechtigt, welche gewiß sind und deren Eintrittszeit ebenfalls gewiß ist. Dies werden aber sehr wenige sein; denn die Uebel sind entweder bloß möglich, allenfalls wahrscheinlich; oder sie sind zwar gewiß; alleine ihre Eintrittszeit ist völlig ungewiß. Läßt man nun auf diese beiden Arten sich ein; so hat man keinen ruhigen Augenblick mehr. Um also nicht der Ruhe unsers Lebens durch ungewisse oder unbestimmte Uebel verlustig zu werden, müssen wir uns gewöhnen, jene anzusehn, als kämen sie nie; diese, als kämen sie gewiß nicht sobald.

Je mehr nun aber Einem die Furcht Ruhe läßt, desto mehr beunruhigen ihn die Wünsche, die Begierden und Ansprüche. *Goethe's* so beliebtes Lied, „ich hab' mein' Sach auf nichts gestellt," besagt eigentlich, daß erst nachdem der Mensch aus allen möglichen Ansprüchen herausgetrieben und auf das nackte, kahle Dasein zurückgewiesen ist, er derjenigen Geistesruhe theilhaft wird, welche die Grundlage des menschlichen Glückes ausmacht, indem sie nöthig ist, um die Gegenwart, und somit das ganze Leben, genießbar zu finden. Zu eben diesem Zwecke sollten wir stets eingedenk sein, daß der heutige Tag nur Ein Mal kommt und nimmer wieder. Aber wir wähnen, er komme morgen wieder: morgen ist jedoch ein anderer Tag, der auch nur Ein Mal kommt. Wir aber vergessen, daß jeder Tag ein integrirender und daher unersetzlicher Theil des Lebens ist, und betrachten ihn vielmehr als unter demselben so enthalten, wie die Individuen unter dem Gemeinbegriff. – Ebenfalls würden wir die Gegenwart besser würdigen und genießen, wenn wir, in guten und gesunden Tagen, uns stets bewußt wären, wie, in Krankheiten, oder Betrübnissen, die Erinnerung uns jede schmerz- und entbehrungslose Stunde als unendlich beneidenswerth, als ein verlorenes Paradies, als einen verkannten Freund vorhält. Aber wir verleben unsere schönen Tage, ohne sie zu bemerken: erst wann die schlimmen kommen, wünschen wir jene zurück. Tausend heitere, angenehme Stunden lassen wir, mit verdrießlichem Gesicht, ungenossen an uns vorüberziehn, um nachher zur trüben Zeit, mit vergeblicher Sehnsucht ihnen nachzustellen. Statt dessen sollten wir jede erträgliche Gegenwart, auch die alltägliche, welche wir jetzt so gleichgültig vorüberziehn lassen, und wohl gar noch ungeduldig nachschieben, — in Ehren halten, stets eingedenk, daß sie eben jetzt hinüberwallt in jene Apotheose der Vergangenheit, woselbst sie fortan, vom Lichte der Unvergänglichkeit umstrahlt, vom Gedächtnisse aufbewahrt wird, um, wann dieses einst, besonders zur schlimmen Stunde, den Vorhang lüftet, als ein Gegenstand unsrer innigen Sehnsucht sich darzustellen.

Denken — eine organische Funktion

Ueberhaupt begreife man wohl, daß unser Denken nichts Anderes ist, als die organische Funktion des Gehirns, und sonach jeder andern organischen Thätigkeit, in Hinsicht auf Anstrengung und Ruhe, sich analog verhält. Wie übermäßige Anstrengung die Augen verdirbt, ebenso das Gehirn. Mit Recht ist gesagt worden: das Gehirn denkt, wie der Magen verdaut. Der Wahn von einer immateriellen, einfachen, wesentlich und immer denkenden, folglich unermüdlichen Seele, die da im Gehirn bloß logirte, und nichts auf der Welt bedürfte, hat gewiß Manchen zu unsinnigem Verfahren und Abstumpfung seiner Geisteskräfte verleitet; wie denn z. B. Friedrich der Große ein Mal versucht hat, sich das Schlafen ganz abzugewöhnen.

Leben und leben lassen

Um durch die Welt zu kommen, ist es zweckmäßig, einen großen Vorrath von *Vorsicht* und *Nachsicht* mitzunehmen: durch erstere wird man vor Schaden und Verlust, durch letztere vor Streit und Händel geschützt.

Wer unter Menschen zu leben hat, darf keine Individualität, sofern sie doch ein Mal von der Natur gesetzt und gegeben ist, unbedingt verwerfen; auch nicht die schlechteste, erbärmlichste, oder lächerlichste. Er hat sie vielmehr zu nehmen, als ein Unabänderliches, welches, in Folge eines ewigen und metaphysischen Princips, so sein muß, wie es ist und in den argen Fällen soll er denken: „es muß auch solche Käutze geben". Hält er es anders; so thut er Unrecht und fordert den Andern heraus, zum Kriege auf Tod und Leben. Denn seine eigentliche Individualität, d. h. seinen moralischen Charakter, seine Erkenntnißkräfte, sein Temperament, seine Physiognomie u. s. w. kann keiner ändern. Verdammen wir nun sein Wesen ganz und gar; so bleibt ihm nichts übrig, als in uns einen Todfeind zu bekämpfen; denn wir wollen ihm das Recht zu existiren nur unter der Bedingung zugestehn, daß er ein Anderer werde, als er unabänderlich ist. Darum also müssen wir, um unter Menschen leben zu können, jeden, mit seiner gegebenen Individualität, wie immer sie auch ausgefallen sein mag, bestehn und gelten lassen, und dürfen bloß darauf bedacht sein, sie so, wie ihre Art und Beschaffenheit es zuläßt, zu benutzen; aber weder auf ihre Aenderung hoffen, noch sie, so wie sie ist, schlechthin verdammen. Dies ist der wahre Sinn des Spruches: „leben und leben lassen". Die Aufgabe ist indessen nicht so leicht, wie sie gerecht ist; und glücklich ist zu schätzen, wer gar manche Individualitäten auf immer meiden darf. –

Inzwischen übe man, um Menschen ertragen zu lernen, seine Geduld an leblosen Gegenständen, welche, vermöge mechanischer, oder sonst physischer Notwendigkeit, unserm Thun sich hartnäckig widersetzen; wozu täglich Gelegenheit ist. Die dadurch erlangte Geduld lernt man nachher auf Menschen übertragen, indem man sich gewöhnt, zu denken, daß auch sie, wo immer sie uns hinderlich sind, Dies vermöge einer eben so strengen, aus ihrer Natur hervorgehenden Nothwendigkeit sein müssen, wie Die, mit welcher die leblosen Dinge wirken; daher es eben so thöricht ist über ihr Thun sich zu entrüsten, wie über einen Stein, der uns in den Weg rollt. Bei Manchem ist es am klügsten zu denken: „ändern werde ich ihn nicht; also will ich ihn benutzen".

Mit wem soll er tanzen?

Keiner kann *über* sich sehn. Hiemit will ich sagen: Jeder sieht am Andern nur so viel, als er selbst auch ist: denn er kann ihn nur nach Maßgabe seiner eigenen Intelligenz fassen und verstehn. Ist nun diese von der niedrigsten Art; so werden alle Geistesgaben, auch die größten, ihre Wirkung auf ihn verfehlen und er an dem Besitzer derselben nichts wahrnehmen, als bloß das Niedrigste in dessen Individualität, also nur dessen sämmtliche Schwächen, Temperaments- und Charakterfehler. Daraus wird er für ihn zusammengesetzt sein. Die höheren geistigen Fähigkeiten desselben sind für ihn so wenig vorhanden, wie die Farbe für den Blinden. Denn alle Geister sind Dem unsichtbar, der keinen hat: und jede Werthschätzung ist ein Produkt aus dem Werthe des Geschätzten mit der Erkenntnißsphäre des Schätzers. Hieraus folgt, daß man sich mit Jedem, mit dem man spricht, nivellirt, indem Alles, was man vor ihm voraus haben kann, verschwindet und sogar die dazu erforderte Selbstverleugnung völlig unerkannt bleibt. Erwägt man nun, wie durchaus niedrig gesinnt und niedrig begabt, also wie durchaus *gemein* die meisten Menschen sind; so wird man einsehn, daß es nicht möglich ist, mit ihnen zu reden, ohne, auf solche Zeit, (nach Analogie der elektrischen Vertheilung) selbst *gemein* zu werden, und dann wird man den eigentlichen Sinn und das Treffende des Ausdrucks „sich gemein machen“ gründlich verstehn, jedoch auch gern jede Gesellschaft meiden, mit welcher man nur mittelst der partie honteuse seiner Natur kommuniziren kann. Auch wird man einsehn, daß, Dummköpfen und Narren gegenüber, es nur *einen* Weg giebt, seinen Verstand an den Tag zu legen, und der ist, daß man mit ihnen nicht redet. Aber freilich wird alsdann in der Gesellschaft Manchem bisweilen zu Muthe sein, wie einem Tänzer, der auf einen Ball gekommen wäre, wo er lauter Lahme anträfe: mit wem soll er tanzen?

Das werte und zarte Selbst

Die meisten Menschen sind so subjektiv, daß im Grunde nichts Interesse für sie hat, als ganz allein sie selbst. Daher kommt es, daß sie bei Allem, was gesagt wird, sogleich an sich denken und jede zufällige, noch so entfernte Beziehung auf irgend etwas ihnen Persönliches ihre ganze Aufmerksamkeit an sich reißt und in Besitz nimmt; so daß sie für den objektiven Gegenstand der Rede keine Fassungskraft übrig behalten; wie auch, daß keine Gründe etwas bei ihnen gelten, sobald ihr Interesse oder ihre Eitelkeit denselben entgegensteht. Daher sind sie so leicht zerstreut, so leicht verletzt, beleidigt oder gekränkt, daß man, von was es auch sei, objektiv mit ihnen reden, nicht genug sich in Acht nehmen kann vor irgend welchen möglichen, vielleicht nachtheiligen Beziehungen des Gesagten zu dem werthen und zarten Selbst, das man da vor sich hat: denn ganz allein an diesem ist ihnen gelegen, sonst an nichts, und während sie für das Wahre und Treffende, oder Schöne, Feine, Witzige der fremden Rede ohne Sinn und Gefühl sind, haben sie die zarteste Empfindlichkeit gegen Jedes, was auch nur auf die entfernteste und indirekteste Weise ihre kleinliche Eitelkeit verletzen, oder irgend wie nachtheilig auf ihr höchst pretioses Selbst reflektiren könnte; so daß sie in ihrer Verletzbarkeit den kleinen Hunden gleichen, denen man, ohne sich dessen zu versehen, so leicht auf die Pfoten tritt und nun das Gequieke anzuhören hat; oder auch einem mit Wunden und Beulen bedeckten Kranken verglichen werden können, bei dem man auf das Behutsamste jede mögliche Berührung zu vermeiden hat.

Bei Manchem geht nun aber die Sache so weit, daß sie Geist und Verstand, im Gespräch mit ihnen an den Tag gelegt, oder doch nicht genugsam versteckt, geradezu als eine Beleidigung empfinden, wenngleich sie solche vor der Hand noch verhehlen; wonach dann aber nachher der Unerfahrene vergeblich darüber nachsinnt und grübelt, wodurch in aller Welt er sich ihren Groll und Haß zugezogen haben könne. – Eben so leicht sind sie aber auch geschmeichelt und gewonnen. Daher ist ihr Urtheil meistens bestochen und bloß ein Ausspruch zu Gunsten ihrer Partei, oder Klasse; nicht aber ein objektives und gerechtes. Dies Alles beruht darauf, daß in ihnen der Wille bei Weitem die Erkenntniß überwiegt und ihr geringer Intellekt ganz im Dienste des Willens steht, von welchem er auch nicht auf einen Augenblick sich losmachen kann.

Einen großartigen Beweis von der erbärmlichen Subjektivität der Menschen, in Folge welcher sie Alles auf sich beziehn und von jedem Gedanken sogleich in gerader Linie auf sich zurückgehn, liefert die *Astrologie*, welche den Gang der großen Weltkörper auf das armselige Ich bezieht, wie auch die Kometen am Himmel in Verbindung bringt mit den irdischen Händeln und Lumpereien. Dies aber ist zu allen und schon in den ältesten Zeiten geschehen.

Denn, wie unser physischer Weg auf der Erde immer nur eine Linie, keine Fläche ist; so müssen wir im Leben, wenn wir Eines ergreifen und besitzen wollen, unzähliges Anderes, rechts und links, entsagend, liegen lassen. Können wir uns dazu nicht entschließen, sondern greifen, wie Kinder auf dem Jahrmarkt, nach Allem was im Vorübergehen reizt; dann ist dies das verkehrte Bestreben, die Linie unseres Wegs in eine Fläche zu verwandeln; wir laufen sodann im Zickzack, irrlichterliren hin und her und gelangen zu nichts. –

Darum ist das bloße Wollen und auch Können an sich noch nicht zureichend, sondern ein Mensch muß auch *wissen,* was er will, und *wissen,* was er kann: erst so wird er Charakter zeigen, und erst dann kann er etwas Rechtes vollbringen. Bevor er dahin gelangt, ist er, ungeachtet der natürlichen Konsequenz des empirischen Charakters, doch charakterlos, und obwohl er im Ganzen sich treu bleiben und seine Bahn durchlaufen muß, von seinem Dämon gezogen; so wird er doch keine schnurgerechte, sondern eine zitternde, ungleiche Linie beschreiben, schwanken, abweichen, umkehren, sich Reue und Schmerz bereiten: dies Alles, weil er, im Großen und Kleinen, so Vieles als dem Menschen möglich und erreichbar vor sich sieht, und doch nicht weiß, was davon allein ihm gemäß und ihm ausführbar, ja, auch nur ihm genießbar ist.

Er wird daher Manchen um seine Lage und Verhältnisse beneiden, die doch nur dessen Charakter, nicht dem seinigen, angemessen sind, und in denen er sich unglücklich fühlen würde, wohl gar es nicht einmal aushalten könnte. Denn wie dem Fische nur im Wasser, dem Vogel nur in der Luft, dem Maulwurf nur unter der Erde wohl ist, so jedem Menschen nur in der ihm angemessenen Atmosphäre; wie denn z. B. die Hofluft nicht Jedem respirabel ist.

Aus Mangel an genugsamer Einsicht in alles Dieses wird

Mancher allerlei mißlingende Versuche machen, wird seinem Charakter im Einzelnen Gewalt anthun, und im Ganzen ihm doch wieder nachgeben müssen: und was er so, gegen seine Natur, mühsam erlangt, wird ihm keinen Genuß geben; was er so erlernt, wird todt bleiben; ja sogar in ethischer Hinsicht wird eine nicht aus reinem, unmittelbarem Antriebe, sondern aus einem Begriff, einem Dogma entsprungene, für seinen Charakter zu edle That, durch nachfolgende egoistische Reue, alles Verdienst verlieren, selbst in seinen eigenen Augen. Velle non discitur. [Wollen läßt sich nicht lernen.] Wie wir der Unbiegsamkeit der fremden Charaktere erst durch die Erfahrung inne werden und bis dahin kindisch glauben, durch vernünftige Vorstellungen, durch Bitten und Flehen, durch Beispiel und Edelmuth könnten wir irgend Einen dahin bringen, daß er von seiner Art lasse, seine Handlungsweise ändere, von seiner Denkungsart abgehe, oder gar seine Fähigkeiten erweitere; so geht es uns auch mit uns selbst. Wir müssen erst aus Erfahrung lernen, was wir wollen und was wir können: bis dahin wissen wir es nicht, sind charakterlos und müssen oft durch harte Stöße von außen auf unsern eigenen Weg zurückgeworfen werden.

Haben wir es aber endlich gelernt, dann haben wir erlangt, was man in der Welt Charakter nennt, *den erworbenen Charakter.* Dieser ist demnach nichts Anderes, als möglichst vollkommene Kenntniß der eigenen Individualität: es ist das abstrakte, folglich deutliche Wissen von den unabänderlichen Eigenschaften seines eigenen empirischen Charakters und von dem Maß und der Richtung seiner geistigen und körperlichen Kräfte, also von den gesammten Stärken und Schwächen der eigenen Individualität. Dies setzt uns in den Stand, die an sich einmal unveränderliche Rolle der eigenen Person, die wir vorhin regellos naturalisirten, jetzt besonnen und methodisch durchzuführen und die Lücken, welche Launen oder Schwächen darin verursachen, nach Anleitung fester Begriffe auszufüllen. Die durch unsere individuelle Natur ohnehin nothwendige Handlungsweise haben wir jetzt auf deutlich bewußte, uns stets gegenwärtige Maximen gebracht, nach denen wir sie so besonnen durchführen, als wäre es eine erlernte, ohne hiebei je irre zu werden durch den vorübergehenden Einfluß der Stimmung, oder des Eindrucks der Gegenwart, ohne gehemmt zu werden durch das Bittere oder Süße einer im Wege angetroffenen Einzelheit, ohne Zaudern, ohne Schwanken, ohne Inkonsequenzen.

Haben wir nun erforscht, wo unsere Stärken und wo unsere Schwächen liegen; so werden wir unsere hervorstechenden natürlichen Anlagen ausbilden, gebrauchen, auf alle Weise zu nutzen suchen und immer uns dahin wenden, wo diese taugen und gelten, aber durchaus und mit Selbstüberwindung die Bestrebungen vermeiden, zu denen wir von Natur geringe Anlagen haben; werden uns hüten, Das zu versuchen, was uns doch nicht gelingt. Nur wer dahin gelangt ist, wird stets mit voller Besonnenheit ganz er selbst sein, und wird nie von sich selbst im Stiche gelassen werden, weil er immer wußte, was er sich selber zumuthen konnte. Er wird alsdann oft der Freude theilhaft werden, seine Stärken zu fühlen, und selten den Schmerz erfahren, an seine Schwächen erinnert zu werden, welches letztere Demüthigung ist, die vielleicht den größten Geistesschmerz verursacht; daher man es viel besser ertragen kann, sein Mißgeschick, als sein Ungeschick deutlich ins Auge zu fassen. –

Abrichtungsfähigkeit

Sogar an Abrichtungsfähigkeit übertrifft der Mensch alle Thiere. Die Moslem sind abgerichtet, 5 Mal des Tages, das Gesicht gegen Mecka gerichtet, zu beten: thun es unverbrüchlich. Christen sind abgerichtet, bei gewissen Gelegenheiten ein Kreuz zu schlagen, sich zu verneigen u. dgl.; wie denn überhaupt die Religion das rechte Meisterstück der Abrichtung ist, nämlich die Abrichtung der Denkfähigkeit; daher man bekanntlich nicht früh genug damit anfangen kann. Es giebt keine Absurdität, die so handgreiflich wäre, daß man sie nicht allen Menschen fest in den Kopf setzen könnte, wenn man nur schon vor ihrem sechsten Jahre anfinge, sie ihnen einzuprägen, indem man unablässig und mit feierlichstem Ernste sie ihnen vorsagte. Denn, wie die Abrichtung der Thiere, so gelingt auch die des Menschen nur in früher Jugend vollkommen.

Edelleute sind abgerichtet, kein anderes, als ihr Ehrenwort, heilig zu halten, an den fratzenhaften Kodex der ritterlichen Ehre, ganz ernsthaft, steif und fest zu glauben, ihn erforderlichen Falls mit ihrem Tode zu besiegeln und den König wirklich als ein Wesen höherer Art anzusehn. – Unsere Höflichkeitsbezeugungen und Komplimente, besonders die respektvollen Attentions gegen die Damen, beruhen auf Abrichtung: unsere Achtung vor Geburt, Stand und Titel desgleichen. Eben so unser abgemessen stufenweises Uebelnehmen gegen uns gerichteter Aeußerungen: Engländer sind abgerichtet, den Vorwurf, daß sie keine gentlemen seien, noch mehr aber den der Lüge, Franzosen den der Feigheit (lâche), Deutsche den der Dummheit für ein todeswürdiges Verbrechen zu halten, u. s. w. – Viele Leute sind zu einer unverbrüchlichen Ehrlichkeit in Einer Art abgerichtet, während sie in allen übrigen wenig davon aufzuweisen haben. So stiehlt Mancher kein Geld, aber alles unmittelbar Genießbare. Mancher Kaufmann betrügt, ohne Skrupel; aber stehlen würde er schlechterdings nicht.

Die Stachelschweine

Eine Gesellschaft Stachelschweine drängte sich, an einem kalten Wintertage, recht nahe zusammen, um, durch die gegenseitige Wärme, sich vor dem Erfrieren zu schützen. Jedoch bald empfanden sie die gegenseitigen Stacheln; welches sie dann wieder von einander entfernte. Wann nun das Bedürfniß der Erwärmung sie wieder näher zusammen brachte, wiederholte sich jenes zweite Uebel; so daß sie zwischen beiden Leiden hin- und hergeworfen wurden, bis sie eine mäßige Entfernung von einander herausgefunden hatten, in der sie es am besten aushalten konnten. –

So treibt das Bedürfniß der Gesellschaft, aus der Leere und Monotonie des eigenen Innern entsprungen, die Menschen zu einander; aber ihre vielen widerwärtigen Eigenschaften und unerträglichen Fehler stoßen sie wieder von einander ab. Die mittlere Entfernung, die sie endlich herausfinden, und bei welcher ein Beisammensein bestehn kann, ist die Höflichkeit und feine Sitte.

Gewissen

Mancher würde sich wundern, wenn er sähe, woraus sein Gewissen, das ihm ganz stattlich vorkommt, eigentlich zusammengesetzt ist: etwa aus 1/5 Menschenfurcht, 1/5 Deisidämonie [Geisterfurcht, Aberglaube], 1/5 Vorurtheil, 1/5 Eitelkeit und 1/5 Gewohnheit: so daß er im Grunde nicht besser ist, als jener Engländer, der geradezu sagte: I cannot afford to keep a conscience (ein Gewissen zu halten ist für mich zu kostspielig). –

Religiöse Leute, jedes Glaubens, verstehen unter Gewissen sehr oft nichts Anderes, als die Dogmen und Vorschriften ihrer Religion und die in Beziehung auf diese vorgenommene Selbstprüfung; in diesem Sinne werden ja auch die Ausdrücke *Gewissenszwang* und *Gewissensfreiheit* genommen. Die Theologen, Scholastiker und Kasuistiker der mittlern und spätern Zeit nahmen es ebenso: Alles was Einer von Satzungen und Vorschriften der Kirche wußte, nebst dem Vorsatz es zu glauben und zu befolgen, machte sein *Gewissen* aus.

Kriminalgeschichten und Beschreibungen anarchischer Zustände muß man lesen, um zu erkennen, was, in moralischer Hinsicht, der Mensch eigentlich ist. Diese Tausende, die da, vor unsern Augen, im friedlichen Verkehr sich durcheinander drängen, sind anzusehen als eben so viele Tiger und Wölfe, deren Gebiß durch einen starken Maulkorb gesichert ist. Daher, wenn man sich die Staatsgewalt ein Mal aufgehoben, d. h. jenen Maulkorb abgeworfen denkt, jeder Einsichtige zurückbebt vor dem Schauspiele, das dann zu erwarten stände; wodurch er zu erkennen giebt, wie wenig Wirkung er der Religion, dem Gewissen, oder dem natürlichen Fundament der Moral, welches es auch immer sein möge, im Grunde zutraut.

Protokoll der Taten

Die immer vollständiger werdende Bekanntschaft mit uns selbst, das immer mehr sich füllende *Protokoll der Thaten*, ist das *Gewissen.*

Drei Grundtriebfedern

Es giebt überhaupt nur *drei Grund-Triebfedern* der menschlichen Handlungen: und allein durch Erregung derselben wirken alle irgend möglichen Motive. Sie sind:

a.) Egoismus; der das eigene Wohl will (ist grenzenlos).

b.) Bosheit; die das fremde Wehe will (geht bis zur äußersten Grausamkeit).

c.) Mitleid; welches das fremde Wohl will (geht bis zum Edelmuth und zur Großmuth).

Jede menschliche Handlung muß auf eine dieser Triebfedern zurückzuführen sein; wiewohl auch zwei derselben vereint wirken können. Die drei Grundtriebfedern des Menschen,

Egoismus, Bosheit, Mitleid, sind in Jedem in einem andern und unglaublich verschiedenen Verhältnisse vorhanden. Je nachdem dieses ist, werden die Motive auf ihn wirken und die Handlungen ausfallen. Ueber einen egoistischen Charakter werden nur egoistische Motive Gewalt haben, und die zum Mitleid, wie die zur Bosheit redenden werden nicht dagegen aufkommen: er wird so wenig sein Interesse opfern, um an seinem Feinde Rache zu nehmen, als um seinem Freunde zu helfen. Ein Anderer, der für boshafte Motive stark empfänglich ist, wird oft, um Andern zu schaden, großen eigenen Nachtheil nicht scheuen. Denn es giebt Charaktere, die im Verursachen des fremden Leidens einen Genuß finden, der das eigene eben so große überwiegt: dum alteri noceat sui negligens (Sen., De ira, I, 1). [Er nimmt keine Rücksicht auf sich selbst, wenn er nur dem andern schaden kann.] Diese gehen mit leidenschaftlicher Wonne in den Kampf, in welchem sie eben so große Verletzungen empfangen, als auszutheilen erwarten: ja, sie werden, mit Vorbedacht, Den, der ihnen ein Uebel verursacht hat, morden und gleich darauf, um der Strafe zu entgehen, sich selbst: Wie dies die Erfahrung sehr oft gezeigt hat.

Hingegen besteht die *Güte des Herzens* in einem tief gefühlten, universellen Mitleid mit Allem was Leben hat, zunächst aber mit dem Menschen; weil mit der Steigerung der Intelligenz die Empfänglichkeit für das Leiden gleichen Schritt hält: daher die unzähligen, geistigen und körperlichen Leiden des Menschen das Mitleid viel stärker in Anspruch nehmen, als der allein körperliche und selbst da dumpfere Schmerz des Thieres. Die Güte des Charakters wird demnach zunächst abhalten von jeder Verletzung des Andern, worin es auch sei, sodann aber auch zur Hülfe auffordern, wo immer ein fremdes Leiden sich darbietet. Und auch hiermit kann es eben so weit gehen, wie in umgekehrter Richtung mit der Bosheit, nämlich bis dahin, daß Charaktere von seltener Güte sich fremdes Leiden mehr zu Herzen nehmen, als eigenes, und daher für Andere Opfer bringen, durch welche sie selbst mehr leiden, als vorhin Der, dem sie geholfen.

Herzensgüte

Glänzende Eigenschaften des Geistes erwerben Bewunderung, aber nicht Zuneigung: diese bleibt den moralischen, den Eigenschaften des Charakters, vorbehalten. Zu seinem Freunde wird wohl jeder lieber den Redlichen, den Gutmüthigen, ja selbst den Gefälligen, Nachgiebigen und leicht Bestimmenden wählen, als den bloß Geistreichen. Vor diesem wird sogar durch unbedeutende, zufällige, äußere Eigenschaften, welche gerade der Neigung eines Andern entsprechen, Mancher den Vorzug gewinnen. Nur wer selbst viel Geist hat, wird den Geistreichen zu seiner Gesellschaft wünschen: seine Freundschaft hingegen wird sich nach den moralischen Eigenschaften richten: denn auf diesen beruht die eigentliche Hochschätzung eines Menschen, in welcher ein einziger guter Charakterzug große Mängel des Verstandes bedeckt und auslischt. Die erkannte Güte eines Charakters macht uns geduldig und nachgiebig gegen Schwächen des Verstandes, wie auch gegen die Stumpfheit und das kindische Wesen des Alters. Ein entschieden edler Charakter, bei gänzlichem Mangel intellektueller Vorzüge und Bildung steht da, wie Einer, dem nichts abgeht; hingegen wird der größte Geist, wenn mit starken moralischen Fehlern behaftet, noch immer tadelhaft erscheinen. –

Denn wie Fackeln und Feuerwerk vor der Sonne blaß und unscheinbar werden, so wird Geist, ja Genie, und ebenfalls die Schönheit, überstrahlt und verdunkelt von der Güte des Herzens. Wo diese in hohem Grade hervortritt, kann sie den Mangel jener Eigenschaften so sehr ersetzen, daß man solche vermißt zu haben sich schämt. Sogar der beschränkteste Verstand, wie auch die groteske Häßlichkeit, werden, sobald die ungemeine Güte des Herzens sich in ihrer Begleitung kund gethan, gleichsam verklärt, umstrahlt von einer Schönheit höherer Art, indem jetzt aus ihnen eine Weisheit spricht, vor der jede andere verstummen muß. Denn die Güte des Herzens ist eine transscendente Eigenschaft, gehört einer über dieses Leben hinausreichenden Ordnung der Dinge an und ist mit jeder andern Vollkommenheit inkommensurabel. Wo sie in hohem Grade vorhanden ist, macht sie das Herz so groß, daß es die Welt umfaßt, so daß jetzt Alles in ihm, nichts mehr außerhalb liegt; da sie ja alle Wesen mit dem eigenen identificirt. Alsdann verleiht sie auch gegen Andere jene grenzenlose Nachsicht, die sonst Jeder nur sich selbst widerfahren läßt.

Zweites Kapitel

Die Welt – ein Guckkasten?

Inzwischen heißt mich ein Optimist die Augen öffnen und hineinsehn in die Welt, wie sie so schön sei im Sonnenschein, mit ihren Bergen, Thälern, Strömen, Pflanzen, Thieren u. s. f.
Aber ist die Welt ein Guckkasten?
Zu *sehen* sind diese Dinge freilich schön; aber sie zu *sein* ist etwas ganz Anderes.

Naturschönheit und Zuchtrute

Wie ästhetisch ist doch die Natur! Jedes ganz unangebaute und verwilderte, d. h. ihr selbst frei überlassene Fleckchen, sei es auch klein, wenn nur die Tatze des Menschen davon bleibt, dekorirt sie alsbald auf die geschmackvollste Weise, bekleidet es mit Pflanzen, Blumen und Gesträuchen, deren ungezwungenes Wesen, natürliche Grazie und anmuthige Gruppirung davon zeugt, daß sie nicht unter der Zuchtruthe des großen Egoisten aufgewachsen sind, sondern hier die Natur frei gewaltet hat. Jedes vernachlässigte Plätzchen wird alsbald schön. Hierauf beruht das Prinzip der Englischen Gärten, welches ist, die Kunst möglichst zu verbergen, damit es aussehe, als habe hier die Natur frei gewaltet. Denn nur dann ist sie vollkommen schön, d. h. zeigt in größter Deutlichkeit die Objektivation des noch erkenntnißlosen Willens zum Leben, der sich hier in der größten Naivetät entfaltet, weil die Gestalten nicht, wie in der Thierwelt, bestimmt sind durch außerhalb liegende Zwecke, sondern allein unmittelbar durch Boden, Klima und ein geheimnißvolles Drittes, vermöge dessen so viele Pflanzen, die ursprünglich demselben Boden und Klima entsprossen sind, doch so verschiedene Gestalten und Charaktere zeigen.

Der mächtige Unterschied zwischen den Englischen, richtiger Chinesischen Gärten und den jetzt immer seltener werdenden, jedoch noch in einigen Prachtexemplaren vorhandenen, alt-französischen, beruht im letzten Grunde darauf, daß jene im objektiven, diese im subjektiven Sinne angelegt sind. In jenen nämlich wird der Wille der Natur, wie er sich in Baum, Staude, Berg und Gewässer objektivirt, zu möglichst reinem Ausdruck dieser seiner Ideen, also seines eigenen Wesens, gebracht. In den Französischen Gärten hingegen spiegelt sich nur der Wille des Besitzers, welche die Natur unterjocht hat, so daß sie, statt ihrer Ideen, die ihm entsprechenden, ihr aufgezwungenen Formen, als Abzeichen ihrer Sklaverei trägt: geschorene Hecken, in allerhand Gestalten geschnittene Bäume, gerade Alleen, Bogengänge u. s. w.

Stimme der Natur

Meinungen wechseln nach Zeit und Ort; aber die Stimme der Natur bleibt sich stets und überall gleich, ist daher vor Allem zu beachten.

Erlösung

Zwar wünschen Alle erlöst zu werden aus dem Zustande des Leidens und des Todes: sie möchten, wie man sagt, zur ewigen Seligkeit gelangen, ins Himmelreich kommen; aber nur nicht auf eigenen Füßen; sondern hineingetragen möchten sie werden, durch den Lauf der Natur. Allein das ist unmöglich. Daher wird sie zwar uns nie fallen und zu nichts werden lassen: aber sie kann uns nirgends hinbringen, als immer nur wieder in die Natur. Wie mißlich es jedoch sei, als ein Theil der Natur zu existiren, erfährt Jeder an seinem eigenen Leben und Sterben.

Sklaverei

Die Wahrheit ist: wir sollen elend sein, und sind's. Dabei ist die Hauptquelle der ernstlichsten Uebel, die den Menschen treffen, der Mensch selbst: homo homini lupus. [Der Mensch ist des Menschen Wolf.] Wer dies Letztere recht ins Auge faßt, erblickt die Welt als eine Hölle, welche die des Dante dadurch übertrifft, daß Einer der Teufel des Andern sein muß; wozu denn freilich Einer vor dem Andern geeignet ist, vor Allen wohl ein Erzteufel, in Gestalt eines Eroberers auftretend, der einige Hundert Tausend Menschen einander gegenüberstellt und ihnen zuruft: „Leiden und Sterben ist euere Bestimmung: jetzt schießt mit Flinten und Kanonen auf einander los!" und sie thun es. –

Ueberhaupt aber bezeichnen, in der Regel, Ungerechtigkeit, äußerste Unbilligkeit, Härte, ja Grausamkeit, die Handlungsweise der Menschen gegen einander: eine entgegengesetzte tritt nur ausnahmsweise ein. Hierauf beruht die Nothwendigkeit des Staates und der Gesetzgebung und nicht auf euern Flausen. Aber in allen Fällen, die nicht im Bereich der Gesetze liegen, zeigt sich sogleich die dem Menschen eigene Rücksichtslosigkeit gegen seines Gleichen, welche aus seinem grenzenlosen Egoismus, mitunter auch aus Bosheit entspringt.

Wie der Mensch mit dem Menschen verfährt, zeigt z. B. die Negersklaverei, deren Endzweck Zucker und Kaffee ist. Aber man braucht nicht so weit zu gehen: im Alter von fünf Jahren eintreten in die Garnspinnerei, oder sonstige Fabrik, und von Dem an erst 10, dann 12, endlich 14 Stunden täglich darin sitzen, und die selbe mechanische Arbeit verrichten, heißt das Vergnügen, Athem zu holen, theuer erkaufen. Dies aber ist das Schicksal von Millionen, und viele andere Millionen haben ein analoges.

Armut und Luxus

Armuth und Sklaverei sind also nur zwei Formen, fast möchte man sagen zwei Namen, der selben Sache, deren Wesen darin besteht, daß die Kräfte eines Menschen großentheils nicht für ihn selbst, sondern für Andere verwendet werden; woraus für ihn theils Ueberladung mit Arbeit, theils kärgliche Befriedigung seiner Bedürfnisse hervorgeht. Denn die Natur hat dem Menschen nur so viel Kräfte gegeben, daß er, unter mäßiger

Anstrengung derselben, seinen Unterhalt der Erde abgewinnen kann: großen Ueberschuß von Kräften hat er nicht erhalten. Nimmt man nun die gemeine Last der physischen Erhaltung des Daseins des Menschengeschlechts einem nicht ganz unbeträchtlichen Theile desselben ab; so wird dadurch der übrige übermäßig belastet und ist elend.

So zunächst entspringt also jenes Uebel, welches, entweder unter dem Namen der Sklaverei, oder unter dem des Proletariats, jederzeit auf der großen Mehrzahl des Menschengeschlechts gelastet hat. Die entferntere Ursache desselben aber ist der Luxus. Damit nämlich einige Wenige das Entbehrliche, Ueberflüssige und Raffinirte haben, ja erkünstelte Bedürfnisse befriedigen können, muß auf Dergleichen ein großes Maß der vorhandenen Menschenkräfte verwendet und daher dem Nothwendigen, der Hervorbringung des Unentbehrlichen, entzogen werden. Statt Hütten für sich, bauen Tausende Prachtwohnungen für Wenige: statt grober Stoffe für sich und die Ihrigen, weben sie feine, oder seidene Stoffe, oder gar Spitzen, für die Reichen, und verfertigen überhaupt tausend Gegenstände des Luxus, die Reichen zu vergnügen. Aus solchen Luxusarbeitern besteht ein großer Theil der Bevölkerung der Städte: für diese also und ihre Besteller muß nun der Bauer mit pflügen, säen und weiden, hat also mehr Arbeit, als die Natur ihm ursprünglich aufgelegt hatte.

Ueberdies muß auch er selbst noch viele Kräfte und Land, statt auf Getreide, Kartoffeln und Viehzucht, auf Wein, Seide, Taback, Hopfen, Spargel u. s. w. verwenden. Ferner werden eine Menge Menschen dem Ackerbau entzogen, um dem Schiffbau und der Seefahrt zu dienen, damit Zucker, Kaffee, Thee u. s. w. herbeigeschafft werde. Die Produktion dieser Ueberflüssigkeiten wird dann wieder die Ursache des Elends jener Millionen Negersklaven, die ihrem Vaterlande gewaltsam entrissen werden, um mit ihrem Schweiß und ihrer Marter jene Gegenstände des Genusses hervorzubringen. Kurz, ein großer Theil der

Kräfte des Menschengeschlechts wird der Hervorbringung des Allen Nothwendigen entzogen, um das ganz Ueberflüssige und Entbehrliche für Wenige herbeizuschaffen.

Körperliche Arbeit

Die große Mehrzahl der Menschen muß nothwendig der schweren körperlichen Arbeit obliegen, die zur Herbeischaffung des endlosen Bedarfs des ganzen Geschlechts unerläßlich erfordert ist: nicht nur läßt Dies keine Zeit zur Bildung, zum Lernen, zum Nachdenken; sondern, vermöge des entschiedenen Antagonismus zwischen Irritabilität und Sensibilität, stumpft die viele und angestrengte körperliche Arbeit den Geist ab, macht ihn schwer, plump, ungelenk und daher unfähig andere, als ganz einfache und palpable Verhältnisse zu fassen. Unter diese Kategorie nun aber fallen wenigstens 9/10 des Menschengeschlechts.

Heroischer Lebenslauf

Ein glückliches Leben ist unmöglich: das höchste, was der Mensch erlangen kann, ist ein *heroischer Lebenslauf.* Einen solchen führt Der, welcher, in irgend einer Art und Angelegenheit, für das Allen irgendwie zu Gute Kommende, mit übergroßen Schwierigkeiten kämpft und am Ende siegt, dabei aber schlecht oder gar nicht belohnt wird.

Bewußt und unbewußt

Fast möchte man glauben, daß die Hälfte alles unsers Denkens ohne Bewußtsein vor sich gehe. Meistens kommt die Konklusion, ohne daß die Prämissen deutlich gedacht worden. Dies ist schon daraus abzunehmen, daß bisweilen eine Begebenheit, deren Folgen wir keineswegs absehn, noch weniger ihren etwanigen Einfluß auf unsere eigenen Angelegenheiten deutlich ermessen können, dennoch auf unsere ganze Stimmung einen unverkennbaren Einfluß ausübt, indem sie solche ins Heitere, oder auch ins Traurige, verändert: Das kann nur die Folge einer unbewußten Rumination sein. Noch ersichtlicher ist diese in Folgendem. Ich habe mich mit den faktischen Datis einer theoretischen, oder praktischen Angelegenheit bekannt gemacht: oft nun wird, ohne daß ich wieder daran gedacht hätte, nach einigen Tagen, das Resultat, wie nämlich die Sache sich verhalte, oder was dabei zu thun sei, mir ganz von selbst in den Sinn kommen, und deutlich vor mir stehn; wobei die Operation, durch die es zu Stande gekommen, mir so verdeckt bleibt, wie die einer Rechenmaschine: es ist eben eine unbewußte Rumination gewesen. Ebenso, wann ich kürzlich über ein Thema etwas geschrieben, dann aber mich der Sache entschlagen habe, fällt mir bisweilen, während ich durchaus nicht daran dachte, ein Zusatz dazu ein. Desgleichen kann ich nach einem Namen, der mir entfallen ist, Tage lang in meinem Gedächtniß suchen: dann aber, während ich gar nicht daran denke, fällt er mir plötzlich ein, wie zugeflüstert. Ja, unsre besten, sinnreichsten und tiefsten Gedanken treten plötzlich ins Bewußtsein, wie eine Inspiration und oft sogleich in Form einer gewichtigen Sentenz. Offenbar aber sind sie Resultate langer, unbewußter Meditation und zahlloser, oft weit zurück liegender, im Einzelnen vergessener Apperçüs.

Maskeraden

Daß Leute edlerer Art und höherer Begabung so oft, zumal in der Jugend, auffallenden Mangel an Menschenkenntniß und Weltklugheit verrathen, daher leicht betrogen oder sonst irre geführt werden, während die niedrigen Naturen sich viel schneller und besser in die Welt zu finden wissen, liegt daran, daß man, beim Mangel der Erfahrung, a priori zu urtheilen hat, und daß überhaupt keine Erfahrung es dem a priori gleichthut. Dies a priori nämlich giebt Denen vom gewöhnlichen Schlage das eigene Selbst an die Hand, den Edelen und Vorzüglichen aber nicht: denn eben als solche sind sie von den Andern weit verschieden. Indem sie daher deren Denken und Thun nach dem ihrigen berechnen, trifft die Rechnung nicht zu.

Wenn nun aber auch ein Solcher a posteriori, also aus fremder Belehrung und eigener Erfahrung, endlich gelernt hat, was von den Menschen, im Ganzen genommen, zu erwarten steht, daß nämlich etwan 5/6 derselben, in moralischer, oder intellektueller Hinsicht, so beschaffen sind, daß wer nicht durch die Umstände in Verbindung mit ihnen gesetzt ist besser thut, sie vorweg zu meiden und, so weit es angeht, außer allem Kontakt mit ihnen zu bleiben; – so wird er dennoch von ihrer Kleinlichkeit und Erbärmlichkeit kaum jemals einen *ausreichenden* Begriff erlangen, sondern immerfort, so lange er lebt, denselben noch zu erweitern und zu vervollständigen haben, unterdessen aber sich gar oft zu seinem Schaden verrechnen. Und dann wieder, nachdem er die erhaltene Belehrung wirklich beherzigt hat, wird es ihm dennoch zu Zeiten begegnen, daß er, in eine Gesellschaft ihm noch unbekannter Menschen gerathend, sich zu wundern hat, wie sie doch sämmtlich, ihren Reden und Mienen nach, ganz vernünftig, redlich, aufrichtig, ehrenfest und tugendsam, dabei auch wohl noch gescheut und geistreich erscheinen. Dies sollte ihn jedoch nicht irren: denn es kommt bloß daher, daß die Natur es nicht macht, wie die schlechten Poeten, welche, wann sie Schurken oder Narren darstellen, so plump und absichtsvoll dabei zu Werke gehn, daß man gleichsam hinter jeder solcher Person den Dichter stehn sieht, der ihre Gesinnung und Rede fortwährend desavouirt und mit warnender Stimme ruft: „dies ist ein Schurke, dies ist ein Narr; gebt nichts auf Das, was er sagt." Die Natur hingegen macht es wie Shakespeare und Goethe, in deren Werken jede Person, und wäre sie der Teufel selbst, während sie dasteht und redet, Recht behält; weil sie so objektiv aufgefaßt ist, daß wir in ihr Interesse gezogen und zur Theilnahme an ihr gezwungen werden: denn sie ist, eben wie die Werke der Natur, aus einem innern Princip entwickelt, vermöge dessen ihr Sagen und Thun als natürlich, mithin als nothwendig auftritt. – Also, wer erwartet, daß in der Welt die Teufel mit Hörnern und die Narren mit Schellen einhergehn, wird stets ihre Beute, oder ihr Spiel sein. Hiezu kommt aber noch, daß im Umgange die Leute es machen, wie der Mond und die Pucklichten, nämlich stets nur eine Seite zeigen, und sogar Jeder ein angeborenes Talent hat, auf mimischem Wege seine Physiognomie zu einer Maske umzuarbeiten, welche genau darstellt, was er eigentlich sein *sollte,* und die, weil sie ausschließlich auf seine Individualität berechnet ist, ihm so genau anliegt und anpaßt, daß die Wirkung überaus täuschend ausfällt. Er legt sie an, so oft es darauf ankommt, sich einzuschmeicheln. Man soll auf dieselbe so viel geben, als wäre sie aus Wachstuch, eingedenk des vortrefflichen italienischen Sprichworts: non è si tristo cane, che non meni la coda (so böse ist kein Hund, daß er nicht mit dem Schwanze wedelt).

Jedenfalls soll man sich sorgfältig hüten, von irgend einem Menschen neuer Bekanntschaft eine sehr günstige Meinung zu fassen; sonst wird man, in den allermeisten Fällen, zu eigener Beschämung oder gar Schaden, enttäuscht werden. – Hiebei verdient auch Dies berücksichtigt zu werden: Gerade in

Kleinigkeiten, als bei welchen der Mensch sich nicht zusammennimmt, zeigt er seinen Charakter, und da kann man oft, an geringfügigen Handlungen, an bloßen Manieren, den grenzenlosen, nicht die mindeste Rücksicht auf Andere kennenden Egoismus bequem beobachten, der sich nachher im Großen nicht verleugnet, wiewohl verlarvt. Und man versäume solche Gelegenheit nicht. Wenn Einer in den kleinen täglichen Vorgängen und Verhältnissen des Lebens, in den Dingen, von welchen das de minimis lex non curat [um Kleinigkeiten kümmert sich das Gesetz nicht] gilt, rücksichtslos verfährt, bloß seinen Vortheil oder seine Bequemlichkeit, zum Nachtheil Anderer, sucht; wenn er sich aneignet was für Alle da ist u. s. w.; da sei man überzeugt, daß in seinem Herzen keine Gerechtigkeit wohnt, sondern er auch im Großen ein Schuft sein wird, sobald das Gesetz und die Gewalt ihm nicht die Hände binden und traue ihm nicht über die Schwelle. Ja, wer ohne Scheu die Gesetze seines Klubs bricht, wird auch die des Staates brechen, sobald er es ohne Gefahr kann*.

Hat nun Einer, mit dem wir in Verbindung, oder Umgang stehn, uns etwas Unangenehmes, oder Aergerliches erzeigt; so haben wir uns nur zu fragen, ob er uns so viel werth sei, daß wir das Nämliche, auch noch etwas verstärkt, uns nochmals und öfter von ihm wollen gefallen lassen; — oder nicht. (Vergeben und Vergessen heißt gemachte kostbare Erfahrungen zum Fenster hinauswerfen.)

* Wenn in den Menschen, wie sie meistentheils sind, das Gute das Schlechte überwöge; so wäre es gerathener sich auf ihre Gerechtigkeit, Billigkeit, Dankbarkeit, Treue, Liebe oder Mitleid zu verlassen, als auf ihre Furcht: weil es aber mit ihnen umgekehrt steht; so ist das Umgekehrte gerathener.

Kriegszüge als Raubzüge

Um überhaupt von der wahren und sehr traurigen Beschaffenheit der Menschen, wie sie meistens sind, das so nöthige, deutliche und gründliche Verständniß zu erlangen, ist es überaus lehrreich, das Treiben und Benehmen derselben in der Litteratur als Kommentar ihres Treibens und Benehmens im praktischen Leben zu gebrauchen, und vice versa. Dies ist sehr dienlich, um weder an sich, noch an ihnen irre zu werden. Dabei aber darf kein Zug von besonderer Niederträchtigkeit oder Dummheit, der uns im Leben oder in der Litteratur aufstößt, uns je ein Stoff zum Verdruß und Aerger, sondern bloß zur Erkenntniß werden, indem wir in ihm einen neuen Beitrag zur Charakteristik des Menschengeschlechts sehn und demnach ihn uns merken. Alsdann werden wir ihn ungefähr so betrachten, wie der Mineralog ein ihm aufgestoßenes, sehr charakteristisches Specimen eines Minerals. Ausnahmen giebt es, ja, unbegreiflich große, und die Unterschiede der Individualitäten sind enorm; aber, im Ganzen genommen, liegt, wie längst gesagt ist, die Welt im Argen: die Wilden fressen einander und die Zahmen betrügen einander, und das nennt man den Lauf der Welt. Was sind denn die Staaten, mit aller ihrer künstlichen, nach außen und nach innen gerichteten Maschinerie und ihren Gewaltmitteln Anderes, als Vorkehrungen, der grenzenlosen Ungerechtigkeit der Menschen Schranken zu setzen. Sehn wir nicht, in der ganzen Geschichte, jeden König, sobald er fest steht, und sein Land einiger Prosperität genießt, diese benutzen, um mit seinem Heer, wie mit einer Räuberschaar, über die Nachbarstaaten herzufallen? Sind nicht fast alle Kriege im Grunde Raubzüge? Im frühen Alterthum, wie auch zum Theil im Mittelalter, wurden die Besiegten Sklaven der Sieger, d. h. im Grunde, sie mußten für diese arbeiten; das Selbe müssen aber Die, welche Kriegskontribution zahlen: sie geben nämlich den Ertrag früherer Arbeit hin. Dans toutes les guerres il ne s'agit que de voler [In allen Kriegen geht es nur darum zu stehlen], sagt Voltaire, und die Deutschen sollen es sich gesagt sein lassen.

Selbstdressur

Kein Charakter ist so, daß er sich selbst überlassen bleiben und sich ganz und gar gehn lassen dürfte; sondern jeder bedarf der Lenkung durch Begriffe und Maximen. Will man nun aber es hierin weit bringen, nämlich bis zu einem nicht aus unsrer angeborenen Natur, sondern bloß aus vernünftiger Ueberlegung hervorgegangenen, ganz eigentlich erworbenen und künstlichen Charakter; so wird man gar bald das Naturam expelles furca, tamen usque recurret [Treib die Natur mit der Heugabel aus, sie kehret doch wieder] bestätigt finden. Man kann nämlich eine Regel für das Betragen gegen Andere sehr wohl einsehn, ja, sie selbst auffinden und treffend ausdrücken, und wird dennoch, im wirklichen Leben, gleich darauf, gegen sie verstoßen. Jedoch soll man nicht sich dadurch entmuthigen lassen und denken, es sei unmöglich, im Weltleben sein Benehmen nach abstrakten Regeln und Maximen zu leiten, und daher am besten, sich eben nur gehn zu lassen. Sondern es ist damit, wie mit allen theoretischen Vorschriften und Anweisungen für das Praktische: die Regel verstehn ist das Erste, sie ausüben zu lernen ist das Zweite. Jenes wird durch Vernunft auf Ein Mal, Dieses durch Uebung allmälig gewonnen. Man zeigt dem Schüler die Griffe auf dem Instrument, die Paraden und Stöße mit dem Rapier: er fehlt sogleich, trotz dem besten Vorsatze, dagegen, und meint nun, sie in der Schnelle des Notenlesens und der Hitze des Kampfes zu beobachten sei schier unmöglich. Dennoch lernt er es allmälig, durch Uebung, unter Straucheln, Fallen und Aufstehn. Eben so geht es mit den Regeln der Grammatik im lateinisch Schreiben und

Sprechen. Nicht anders also wird der Tölpel zum Hofmann, der Hitzkopf zum feinen Weltmann, der Offene verschlossen, der Edle ironisch. Jedoch wird eine solche, durch lange Gewohnheit erlangte Selbstdressur stets als ein von außen gekommener Zwang wirken, welchem zu widerstreben die Natur nie ganz aufhört und bisweilen unerwartet ihn durchbricht. Denn alles Handeln nach abstrakten Maximen verhält sich zum Handeln aus ursprünglicher, angeborener Neigung, wie ein menschliches Kunstwerk, etwan eine Uhr, wo Form und Bewegung dem ihnen fremden Stoffe aufgezwungen sind, zum lebenden Organismus, bei welchem Form und Stoff von einander durchdrungen und Eins sind. An diesem Verhältniß des erworbenen zum angeborenen Charakter bestätigt sich demnach ein Ausspruch des Kaisers Napoleon: tout ce qui n'est pas naturel est imparfait [Alles, was nicht natürlich ist, ist unvollkommen]; welcher überhaupt eine Regel ist, die von Allem und Jedem, sei es physisch, oder moralisch, gilt, und von der die einzige mir einfallende Ausnahme das, den Mineralogen bekannte, natürliche Aventurino ist, welches dem künstlichen nicht gleich kommt.

Darum sei hier auch vor aller und jeder *Affektation* gewarnt. Sie erweckt allemal Geringschätzung: erstlich als Betrug, der als solcher feige ist, weil er auf Furcht beruht; zweitens als Verdammungsurtheil seiner selbst durch sich selbst, indem man scheinen will was man nicht ist und was man folglich für besser hält, als was man ist. Das Affektiren irgend einer Eigenschaft, das Sich-Brüsten damit, ist ein Selbstgeständniß, daß man sie nicht hat. Sei es Muth, oder Gelehrsamkeit, oder Geist, oder Witz, oder Glück bei Weibern, oder Reichthum, oder vornehmer Stand, oder was sonst, womit einer groß thut; so kann man daraus schließen, daß es ihm gerade daran in etwas gebricht: denn wer wirklich eine Eigenschaft vollkommen besitzt, dem fällt es nicht ein, sie herauszulegen und zu affektiren, sondern er ist darüber ganz beruhigt. Dies ist auch der Sinn des spanischen Sprichworts: herradura que chacolotea clavo le falta (dem klappernden Hufeisen fehlt ein Nagel). Allerdings darf, wie Anfangs gesagt, Keiner sich unbedingt den Zügel schießen lassen und sich ganz zeigen, wie er ist; weil das viele Schlechte und Bestialische unserer Natur der Verhüllung bedarf: aber dies rechtfertigt bloß das Negative, die Desimulation, nicht das Positive, die Simulation. –

Der Balken im eigenen Auge

Wie man das Gewicht seines eigenen Körpers trägt, ohne es, wie doch das jedes fremden, den man bewegen will, zu fühlen; so bemerkt man nicht die eigenen Fehler und Laster, sondern nur die der Andern. – Dafür aber hat Jeder am Andern einen Spiegel, in welchem er seine eigenen Laster, Fehler, Unarten und Widerlichkeiten jeder Art deutlich erblickt. Allein meistens verhält er sich dabei wie der Hund, welcher gegen den Spiegel bellt, weil er nicht weiß, daß er sich selbst sieht, sondern meint, es sei ein anderer Hund. Wer Andere bekrittelt, arbeitet an seiner Selbstbesserung. Also Die, welche die Neigung und Gewohnheit haben, das äußerliche Benehmen, überhaupt das Thun und Lassen, der Andern im Stillen, bei sich selbst, einer aufmerksamen und *scharfen Kritik* zu unterwerfen, arbeiten dadurch an ihrer eigenen Besserung und Vervollkommnung: denn sie werden entweder Gerechtigkeit, oder doch Stolz und Eitelkeit genug besitzen, selbst zu vermeiden, was sie so oft strenge tadeln. Von den Toleranten gilt das Umgekehrte: nämlich hanc veniam damus petimusque vicissim. [Diese Freiheit erbitten wir uns und gewähren sie gleichfalls.] Das Evangelium moralisirt recht schön über den Splitter im fremden, den Balken im eigenen Auge: aber die Natur des Auges bringt es mit sich, daß es nach außen und nicht sich selbst sieht: daher ist zum Innewerden der eigenen Fehler das Bemerken und Tadeln derselben an Andern ein sehr geeignetes Mittel. Zu unserer Besserung bedürfen wir eines Spiegels. Auch hinsichtlich auf Stil und Schreibart gilt diese Regel: wer eine neue Narrheit in diesen bewundert, statt sie zu tadeln, wird sie nachahmen. Daher greift in Deutschland jede so schnell um sich. Die Deutschen sind sehr tolerant: man merkt's. Hanc veniam damus petimusque vicissim ist ihr Wahlspruch.

Ideelle und materielle Interessen

Der Mensch edlerer Art glaubt, in seiner Jugend, die wesentlichen und entscheidenden Verhältnisse und daraus entstehenden Verbindungen zwischen Menschen seien die *ideellen*, d. h. die auf Aehnlichkeit der Gesinnung, der Denkungsart, des Geschmacks, der Geisteskräfte u. s. w. beruhenden; allein er wird später inne, daß es die *reellen* sind, d. h. die, welche sich auf irgend ein materielles Interesse stützen. Diese liegen fast allen Verbindungen zum Grunde: sogar hat die Mehrzahl der Menschen keinen Begriff von andern Verhältnissen. Demzufolge wird Jeder genommen nach seinem Amt, oder Geschäft, oder Nation, oder Familie, also, überhaupt nach der Stellung und Rolle, welche die Konvention ihm ertheilt hat: dieser gemäß wird er sortirt und fabrikmäßig behandelt. Hingegen was er an und für sich, also als Mensch vermöge seiner persönlichen Eigenschaften sei, kommt nur beliebig und daher nur ausnahmsweise zur Sprache, und wird von Jedem, sobald es ihm bequem ist, also meistentheils, bei Seite gesetzt und ignorirt. Je mehr nun aber es mit Diesem auf sich hat, desto weniger wird ihm jene Anordnung gefallen, er also sich ihrem Bereich zu entziehen suchen. Sie beruht jedoch darauf, daß in dieser Welt der Noth und des Bedürfnisses, die Mittel, diesen zu begegnen, überall das Wesentliche, mithin vorherrschende sind.

Wahre Freundschaft

Wie Papiergeld statt des Silbers, so kursiren in der Welt, statt der wahren Achtung und der wahren Freundschaft, die äußerlichen Demonstrationen und möglichst natürlich mimisirten Gebärden derselben. Indessen läßt sich andererseits auch fragen, ob es denn Leute gebe, welche Jene wirklich verdienten. Jedenfalls gebe ich mehr auf das Schwanzwedeln eines ehrlichen Hundes, als auf hundert solche Demonstrationen und Gebärden.

Wahre, echte Freundschaft setzt eine starke, rein objektive und völlig uninteressirte Theilnahme am Wohl und Wehe des Andern voraus, und diese wieder ein wirkliches Sich mit dem Freunde identifiziren. Dem steht der Egoismus der menschlichen Natur so sehr entgegen, daß wahre Freundschaft zu den Dingen gehört, von denen man, wie von den kolossalen Seeschlangen, nicht weiß, ob sie fabelhaft sind, oder irgendwo existiren. Indessen giebt es mancherlei, in der Hauptsache freilich auf versteckten egoistischen Motiven der mannigfaltigsten Art beruhende Verbindungen zwischen Menschen, welche dennoch mit einem Gran jener wahren und echten Freundschaft versetzt sind, wodurch sie so veredelt werden, daß sie, in dieser Welt der Unvollkommenheiten, mit einigem Fug den Namen der Freundschaft führen dürfen. Sie stehn hoch über den alltäglichen Liaisons, welche vielmehr so sind, daß wir mit den meisten unserer guten Bekannten kein Wort mehr reden würden, wenn wir hörten, wie sie in unsrer Abwesenheit von uns reden.

Die Echtheit eines Freundes zu erproben, hat man, nächst den Fällen wo man ernstlicher Hülfe und bedeutender Opfer bedarf, die beste Gelegenheit in dem Augenblick, da man ihm ein Unglück, davon man soeben getroffen worden, berichtet. Alsdann nämlich malt sich, in seinen Zügen entweder wahre, innige, unvermischte Betrübniß; oder aber sie bestätigen, durch ihre gefaßte Ruhe, oder einen flüchtigen Nebenzug, den bekannten Ausspruch des Rochefoucauld: dans l'adversité de nos meilleurs amis, nous trouvons toujours quelque chose qui ne nous déplait pas. [Im Unglück unserer besten Freunde finden wir immer etwas, das uns nicht mißfällt.] Die gewöhnlichen sogenannten Freunde vermögen, bei solchen Gelegenheiten, oft kaum das Zucken zu einem leisen, wohlgefälligen Lächeln zu unterdrücken. – Es giebt wenig Dinge, welche so sicher die Leute in gute Laune versetzen, wie wenn man ihnen ein beträchtliches Unglück, davon man kürzlich getroffen worden, erzählt, oder auch irgend eine persönliche Schwäche ihnen unverholen offenbart. – Charakteristisch! –

Entfernung und lange Abwesenheit thun jeder Freundschaft Eintrag: so ungern man es gesteht. Denn Menschen, die wir nicht sehn, wären sie auch unsere geliebtesten Freunde, trocknen, im Laufe der Jahre, allmälig zu abstrakten Begriffen auf, wodurch unsere Theilnahme an ihnen mehr und mehr eine bloß vernünftige, ja traditionelle wird: die lebhafte und tiefgefühlte bleibt Denen vorbehalten, die wir vor Augen haben, und wären es auch nur geliebte Thiere. So sinnlich ist die menschliche Natur. Also bewährt sich auch hier Goethes Ausspruch: „Die Gegenwart ist eine mächtige Göttin."

(Tasso, Aufzug 4, Auftr. 4.)

Die *Hausfreunde* heißen meistens mit Recht so, indem sie mehr die Freunde des Hauses, als des Herrn, also den Katzen ähnlicher als den Hunden sind.

Die Freunde nennen sich aufrichtig; die Feinde sind es: daher man ihren Tadel zur Selbsterkenntniß benutzen sollte, als eine bittre Arznei. –

Freunde in der Noth wären selten? – Im Gegentheil! Kaum hat man mit Einem Freundschaft gemacht; so ist er auch schon in der Noth und will Geld geliehen haben. –

Überlegenheit

Körperliche Vorzüge kommen bei Männern nicht sehr in Betracht; wiewohl man sich doch behaglicher neben einem kleineren, als neben einem größeren fühlt. Demzufolge also sind unter Männern die dummen und unwissenden, unter Weibern die häßlichen allgemein beliebt und gesucht: sie erlangen leicht den Ruf eines überaus guten Herzens; weil Jedes für seine Zuneigung, vor sich selbst und vor Andern, eines Vorwandes bedarf. Eben deshalb ist Geistesüberlegenheit jeder Art eine sehr isolirende Eigenschaft: sie wird geflohen und gehaßt, und als Vorwand hiezu werden ihrem Besitzer allerhand Fehler angedichtet.*

Gerade so wirkt unter Weibern die Schönheit: sehr schöne Mädchen finden keine Freundin, ja, keine Begleiterin. Zu Stellen als Gesellschafterinnen thun sie besser sich gar nicht zu

* *Zum Vorwärtskommen in der Welt* sind Freundschaften und Kameraderien bei Weitem das Hauptmittel. Nun aber *große Fähigkeiten machen stolz* und dadurch wenig geeignet, Denen zu schmeicheln, die nur geringe haben, ja, vor Denen man deshalb die großen verhehlen und verleugnen soll. Entgegengesetzt wirkt das Bewußtsein nur geringer Fähigkeiten: es verträgt sich vortrefflich mit der Demuth, Leutseligkeit, Gefälligkeit und Respekt vor dem Schlechten, verschafft also Freunde und Gönner.

Das Gesagte gilt nicht bloß vom Staatsdienst, sondern auch von den Ehrenstellen, Würden, ja, dem Ruhm in der gelehrten Welt; so daß z. B. in den Akademien die liebe Mediokrität stets oben auf ist, Leute von Verdienst spät oder nie hineinkommen und so bei Allem.

melden: denn schon bei ihrem Vortritt verfinstert sich das Gesicht der gehofften neuen Gebieterin, als welche, sei es für sich, oder für die Töchter, einer solchen Folie keineswegs bedarf,– hingegen verhält es sich umgekehrt mit den Vorzügen des Ranges; weil diese nicht, wie die persönlichen, durch den Kontrast und Abstand, sondern, wie die Farben der Umgebung auf das Gesicht, durch den Reflex wirken.

Höflichkeit

Höflichkeit ist Klugheit; folglich ist Unhöflichkeit Dummheit: sich mittelst ihrer unnöthiger und muthwilliger Weise Feinde machen ist Raserei, wie wenn man sein Haus in Brand steckt. Denn Höflichkeit ist, wie die Rechenpfennige, eine offenkundig falsche Münze: mit einer solchen sparsam zu sein, beweist Unverstand; hingegen Freigebigkeit mit ihr Verstand. Alle Nationen schließen den Brief mit votre très – humble serviteur, – your most obedient servant, – suo devotissimo servo [Ihr gehorsamster Diener]: bloß die Deutschen halten mit dem „Diener“ zurück, – weil es ja doch nicht wahr sei –! Wer hingegen die Höflichkeit bis zum Opfern realer Interessen treibt, gleicht Dem, der echte Goldstücke statt Rechenpfennige gäbe.
– Wie das Wachs, von Natur hart und spröde, durch ein wenig Wärme so geschmeidig wird, daß es jede beliebige Gestalt annimmt; so kann man selbst störrische und feindselige Menschen, durch etwas Höflichkeit und Freundlichkeit, biegsam und gefällig machen. Sonach ist die Höflichkeit dem Menschen, was die Wärme dem Wachs. Eine schwere Aufgabe ist freilich die Höflichkeit insofern, als sie verlangt, daß wir allen Leuten die größte Achtung bezeugen, während die allermeisten keine verdienen; sodann, daß wir den lebhaftesten Antheil an ihnen simuliren, während wir froh sein müssen, kei-

nen an ihnen zu haben. – Höflichkeit mit Stolz zu vereinigen ist ein Meisterstück.

Wir würden bei Beleidigungen, als welche eigentlich immer in Aeußerungen der Nichtachtung bestehn, viel weniger aus der Fassung gerathen, wenn wir nicht einerseits eine ganz übertriebene Vorstellung von unserm hohen Werth und Würde, also einen ungemessenen Hochmuth hegten, und andrerseits uns deutlich gemacht hätten, was, *in der Regel*, Jeder vom Andern, in seinem Herzen hält und denkt. Welch ein greller Kontrast ist doch zwischen der Empfindlichkeit der meisten Leute über die leiseste Andeutung eines sie treffenden Tadels und Dem, was sie hören würden, wenn sie die Gespräche ihrer Bekannten über sie belauschten! – Wir sollten vielmehr uns gegenwärtig erhalten, daß die gewöhnliche Höflichkeit nur eine grinsende Maske ist: dann würden wir nicht Zeter schreien, wenn sie ein Mal sich etwas verschiebt, oder auf einen Augenblick abgenommen wird. Wann aber gar Einer geradezu grob wird, da ist es, als hätte er die Kleider abgeworfen und stände in puris naturalibus [nackt] da. Freilich nimmt er sich dann, wie die meisten Menschen in diesem Zustande, schlecht aus.

Schweigsamkeit

Unsere sämmtlichen persönlichen Angelegenheiten haben wir als Geheimniß zu betrachten, und unsern guten Bekannten müssen wir, über Das hinaus, was sie mit eigenen Augen sehn, völlig fremd bleiben. Denn ihr Wissen um die unschuldigsten Dinge kann, durch Zeit und Umstände, uns Nachtheil bringen. – Ueberhaupt ist es gerathener seinen Verstand durch Das, was man verschweigt, an den Tag zu legen, als durch das, was man sagt. Ersteres ist Sache der Klugheit, Letzteres der Eitelkeit. Die Gelegenheit zu Beiden kommt gleich oft: aber wir ziehn häufig die flüchtige Befriedigung, welche das Letztere gewährt, dem dauernden Nutzen vor, welchen das Erstere bringt. Sogar die Herzenserleichterung, ein Mal ein Wort mit sich selbst laut zu reden, was lebhaften Personen wohl begegnet, sollte man sich versagen, damit sie nicht zur Gewohnheit werde; weil dadurch der Gedanke mit dem Wort so befreundet und verbrüdert wird, daß allmälig auch das Sprechen mit Andern ins laute Denken übergeht, während die Klugheit gebeut, daß zwischen unserm Denken und unserm Reden eine weite Kluft offen gehalten werde.

Dem allen gemäß ist denn auch die Schweigsamkeit von sämmtlichen Lehrern der Weltklugheit auf das Dringendeste und mit den mannigfaltigsten Argumenten anempfohlen worden; daher ich es bei dem Gesagten bewenden lassen kann. Bloß ein Paar Arabische Maximen, welche besonders eindringlich und wenig bekannt sind, will ich noch hersetzen. „Was dein Feind nicht wissen soll, das sage deinem Freunde nicht." – „Wenn ich mein Geheimniß verschweige, ist es mein Gefangener: lasse ich es entschlüpfen, bin ich sein Gefangener." – „Am Baume des Schweigens hängt seine Frucht, der Friede."

Weltklugheit

„Weder lieben, noch hassen" enthält die Hälfte aller Weltklugheit: „nichts sagen und nichts glauben" die andere Hälfte. Freilich aber wird man einer Welt, welche Regeln, wie diese und die nächstfolgenden nöthig macht, gern den Rücken kehren.

Zorn, oder Haß in Worten, oder Mienen blicken zu lassen ist unnütz, ist gefährlich, ist unklug, ist lächerlich, ist gemein. Man darf also Zorn, oder Haß, nie anders zeigen als in Thaten. Letzteres wird man um so vollkommener können, als man Ersteres vollkommener vermieden hat. – Die kaltblütigen

Thiere allein sind die giftigen. Parler sans accent [ohne Betonung sprechen]: diese alte Regel der Weltleute bezweckt, daß man dem Verstande der Andern überlasse, herauszufinden, was man gesagt hat: der ist langsam, und ehe er fertig geworden, ist man davon. Hingegen parler avec accent [mit Betonung sprechen] heißt zum Gefühle reden; wo denn Alles umgekehrt ausfällt. Manchem kann man, mit höflicher Gebärde und freundlichem Ton, sogar wirkliche Sottisen sagen, ohne unmittelbare Gefahr.

Alles ist aus einem Teig

Welche Form auch das menschliche Leben annehme; es sind immer dieselben Elemente, und daher ist es im Wesentlichen überall dasselbe, es mag in der Hütte, oder bei Hofe, im Kloster, oder bei der Armee geführt werden. Mögen seine Begebenheiten, Abenteuer-, Glücks- und Unglücksfälle noch so mannigfaltig sein; so ist es doch damit, wie mit der Zuckerbäkkerwaare. Es sind viele und vielerlei gar krause und bunte Figuren: aber Alles ist aus Einem Teig geknetet; und was dem Einen begegnet, ist Dem, was dem Andern widerfuhr, viel ähnlicher, als dieser beim Erzählenhören denkt. Auch gleichen die Vorgänge unsers Lebens den Bildern im Kaleidoskop, in welchem wir bei jeder Drehung etwas Anderes sehn, eigentlich aber immer das Selbe vor Augen haben.

Das Leben als Schachspiel

Wenn man auf seinen Lebensweg zurücksieht, den „labyrinthisch irren Lauf" desselben überschaut und nun so manches verfehlte Glück, so manches herbeigezogene Unglück sehen muß: so kann man in Vorwürfen gegen sich selbst leicht zu weit gehn. Denn unser Lebenslauf ist keineswegs schlechthin unser eigenes Werk; sondern das Produkt zweier Faktoren, nämlich der Reihe der Begebenheiten und der Reihe unserer Entschlüsse, welche stets in einander greifen und sich gegenseitig modifiziren. Hiezu kommt noch, daß in Beiden unser Horizont immer sehr beschränkt ist, indem wir unsere Entschlüsse nicht schon von Weitem vorhersagen und noch weniger die Begebenheiten voraussehen können, sondern von Beiden uns eigentlich nur die gegenwärtigen recht bekannt sind. Deshalb können wir, so lange unser Ziel noch fern liegt, nicht ein Mal gerade darauf hinsteuern; sondern nur approximativ und nach Muthmaßungen unsere Richtung dahin lenken, müssen also oft laviren. Alles nämlich, was wir vermögen, ist, unsere Entschlüsse allezeit nach Maßgabe der gegenwärtigen Umstände zu fassen, in der Hoffnung, es so zu treffen, daß es uns dem Hauptziel näher bringe. So sind denn meistens die Begebenheiten und unsre Grundabsichten zweien, nach verschiedenen Seiten ziehenden Kräften zu vergleichen und die daraus entstehende Diagonale ist unser Lebenslauf. – *Terenz* hat gesagt: in vita est hominum quasi cum ludas tesseris: si illud, quod maxime opus est jactu, non cadit, illud quod cecidit forte, id arte ut corrigas [Im Menschenleben ist's wie in einem Würfelspiel: Fällt auch der Wurf nicht so, wie du ihn am meisten wünschst, so muß die Kunst verbessern, was der Zufall bot]; wobei er eine Art Triktak vor Augen gehabt haben muß. Kürzer können wir sagen: das Schicksal mischt die Karten und wir spielen. Meine gegenwärtige Betrachtung auszudrükken, wäre aber folgendes Gleichniß am geeignetesten. Es ist im Leben wie im Schachspiel: wir entwerfen einen Plan: dieser bleibt jedoch bedingt durch Das, was im Schachspiel dem Gegner, im Leben dem Schicksal, zu thun belieben wird. Die Modifikationen, welche hiedurch unser Plan erleidet, sind meistens so groß, daß er in der Ausführung kaum noch an einigen Grundzügen zu erkennen ist. Uebrigens giebt es in unserm Lebenslaufe noch etwas, welches über das Alles hinausliegt. Es ist nämlich eine triviale und nur zu häufig bestätigte Wahrheit, daß wir oft thörichter sind, als wir glauben: hingegen ist, daß wir oft weiser sind, als wir selbst vermeinen, eine Entdeckung, welche nur Die, so in dem Fall gewesen, und selbst dann erst spät, machen. Es giebt etwas Weiseres in uns, als der Kopf ist. Wir handeln nämlich, bei den großen Zügen, den Hauptschritten unsers Lebenslaufes, nicht sowohl nach deutlicher Erkenntniß des Rechten, als nach einem innern Impuls, man möchte sagen Instinkt, der aus dem tiefsten Grunde unsers Wesens kommt, und bemäkeln nachher unser Thun nach deutlichen, aber auch dürftigen, erworbenen, ja, erborgten Begriffen, nach allgemeinen Regeln; fremdem Beispiele u. s. w., ohne das „Eines schickt sich nicht für Alle" genugsam zu erwägen; da werden wir leicht ungerecht gegen uns selbst. Aber am Ende zeigt es sich, wer Recht gehabt hat; und nur das glücklich erreichte Alter ist, subjektiv und objektiv, befähigt, die Sache zu beurtheilen.

Vielleicht steht jener innere Impuls unter uns unbewußter Leitung prophetischer, beim Erwachen vergessener Träume, die eben dadurch unserm Leben die Gleichmäßigkeit des Tones und die dramatische Einheit ertheilen, die das so oft schwankende und irrende, so leicht umgestimmte Gehirnbewußtsein ihm zu geben nicht vermöchte, und in Folge welcher z. B. der zu großen Leistungen einer bestimmten Art Berufene Dies von Jugend auf innerlich und heimlich spürt und darauf hinarbeitet, wie die Bienen am Bau ihres Stocks. Für Jeden aber ist es Das, was *Baltazar Gracian* la gren sindéresis nennt:

die instinktive große Obhut seiner selbst, ohne welche er zu Grunde geht. – Nach *abstrakten Grundsätzen* handeln ist schwer und gelingt erst nach vieler Uebung, und selbst da nicht jedes Mal: auch sind sie oft nicht ausreichend. Hingegen hat Jeder gewisse *angeborne konkrete Grundsätze,* die ihm in Blut und Saft stecken, indem sie das Resultat alles seines Denkens, Fühlens und Wollens sind. Er kennt sie meistens nicht in abstracto, sondern wird erst beim Rückblick auf sein Leben gewahr, daß er sie stets befolgt hat und von ihnen, wie von einem unsichtbaren Faden ist gezogen worden. Je nachdem sie sind, werden sie ihn zu seinem Glück oder Unglück leiten.

Mensch

Der Arzt sieht den Menschen in seiner ganzen Schwäche; der Jurist in seiner ganzen Schlechtigkeit; der Theolog in seiner ganzen Dummheit.

Tier und Mensch

Mitleid mit Thieren hängt mit der Güte des Charakters so genau zusammen, daß man zuversichtlich behaupten darf, wer gegen Thiere grausam ist, könne kein guter Mensch sein.

Wohltat der Eisenbahn

Die größte Wohlthat der Eisenbahnen ist, daß sie Millionen Pferden ihr jammervolles Dasein ersparen.

Seifenblase

Jeder Athemzug wehrt den beständig eindringenden Tod ab, mit welchem wir auf diese Weise in jeder Sekunde kämpfen, und dann wieder, in größeren Zwischenräumen, durch jede Mahlzeit, jeden Schlaf, jede Erwärmung u. s. w. Zuletzt muß er siegen: denn ihm sind wir schon durch die Geburt anheimgefallen, und er spielt nur eine Weile mit seiner Beute, bevor er sie verschlingt. Wir setzen indessen unser Leben mit großem Antheil und vieler Sorgfalt fort, so lange als möglich, wie man eine Seifenblase so lange und so groß als möglich aufbläst, wiewohl mit der festen Gewissheit, daß sie platzen wird.

Die finsteren Behausungen des Elends

Wenn man nun endlich noch Jedem die entsetzlichen Schmerzen und Qualen, denen sein Leben beständig offensteht, vor die Augen bringen wollte; so würde ihn Grausen ergreifen: und man den verstocktesten Optimisten durch die Krankenhospitäler, Lazarethe und chirurgische Marterkammern, durch die Gefängnisse, Folterkammern und Sklavenställe, über Schlachtfelder und Gerichtsstätten führen, dann alle die finsteren Behausungen des Elends, wo es sich vor den Blicken kalter Neugier verkriecht, ihm öffnen und zum Schluß ihn in den Hungerthurm des Ugolino [Gewaltherrscher von Pisa, gest. 1288, mit zwei Söhnen und zwei Enkeln im Hungerturm] blikken lassen wollte; so würde sicherlich auch er zuletzt einsehen, welcher Art dieser meilleur des mondes possibles [beste aller möglichen Welten] ist.

Unrecht und Lüge

Die *Ausübung* des Unrechts überhaupt betreffend, so geschieht sie entweder durch *Gewalt,* oder durch *List* welches in Hinsicht auf das moralisch Wesentliche einerlei ist. Zuvörderst beim Morde ist es moralisch einerlei, ob ich mich des Dolches, oder des Giftes bediene; und auf analoge Weise bei jeder körperlichen Verletzung. Die anderweitigen Fälle des Unrechts sind allemal darauf zurückzuführen, daß ich, als Unrecht ausübend, das fremde Individuum zwinge, statt seinem, meinem Willen zu dienen, statt nach seinem, nach meinem Willen zu handeln. Auf dem Wege der Gewalt erreiche ich dieses durch physische Kausalität; auf dem Wege der List aber mittels der Motivation, d. h. der durch das Erkennen durchgegangenen Kausalität, folglich dadurch, daß ich seinem Willen *Scheinmotive* vorschiebe, vermöge welcher er *seinem* Willen zu folgen glaubend, *meinem* folgt. Da das Medium, in welchem die Motive liegen, die Erkenntniß ist; kann ich jenes nur durch Verfälschung seiner Erkenntniß thun, und dieses ist die Lüge. Sie bezweckt allemal Einwirkung auf den fremden Willen, nicht auf seine Erkenntniß allein, für sich und als solche, sondern auf diese nur als Mittel, nämlich sofern sie seinen Willen bestimmt.

Mitleid

Wenn nun aber meine Handlung ganz allein *des Andern wegen* geschehen soll; so muß *sein Wohl und Wehe unmittelbar mein Motiv sein:* so wie bei allen andern Handlungen das *meinige* es ist. Dies bringt unser Problem auf einen engern Ausdruck, nämlich diesen: wie ist es irgend möglich, daß das Wohl und Wehe *eines Andern*, unmittelbar, d. h. ganz so wie sonst nur mein eigenes, meinen Willen bewege, also direkt mein Motiv werde, und sogar es bisweilen in dem Grade werde, daß ich demselben mein eigenes Wohl und Wehe, diese sonst alleinige Quelle meiner Motive, mehr oder weniger nachsetze? – Offenbar nur dadurch, daß jener Andere *der letzte Zweck* meines Willens wird, ganz so wie sonst ich selbst es bin: also dadurch, daß ich ganz unmittelbar *sein* Wohl will und *sein* Wehe nicht will, so unmittelbar, wie sonst nur das *meinige*.

Dies aber setzt nothwendig voraus, daß ich bei *seinem* Wehe als solchem geradezu mitleide, *sein* Wehe fühle, wie sonst nur meines, und deshalb sein Wohl unmittelbar will, wie sonst nur meines. Dies erfordert aber, daß ich auf irgend eine Weise mit *ihm identificirt* sei, d. h. daß jener gänzliche *Unterschied* zwischen mir und jedem Andern, auf welchem gerade mein Egoismus beruht, wenigstens in einem gewissen Grade aufgehoben sei.

Da ich nun aber doch nicht *in der Haut* des Andern stecke, so kann allein vermittelst *der Erkenntniß*, die ich von ihm habe, d. h. der Vorstellung von ihm in meinem Kopf, ich mich so weit mit ihm identificiren, daß meine That jenen Unterschied als aufgehoben ankündigt.

Der hier analysirte Vorgang aber ist kein erträumter, oder aus der Luft gegriffener, sondern ein ganz wirklicher, ja keineswegs seltener: es ist das alltägliche Phänomen des *Mitleids*, d. h. der ganz unmittelbaren, von allen anderweitigen Rücksichten unabhängigen *Theilnahme* zunächst am *Leiden* eines Andern und dadurch an der Verhinderung oder Aufhebung dieses Leidens, als worin zuletzt alle Befriedigung und alles Wohlsein und Glück besteht. Dieses Mitleid ganz allein ist die wirkliche Basis aller *freien* Gerechtigkeit und aller *echten* Menschenliebe. Nur sofern eine Handlung aus ihm entsprungen ist, hat sie moralischen Werth: und jede aus irgend welchen andern Motiven hervorgehende hat keinen. Sobald dieses Mitleid rege wird, liegt mir das Wohl und Wehe des Andern unmittelbar am Herzen, ganz in der selben Art, wenn auch nicht stets in demselben Grade, wie sonst allein das meinige: also ist jetzt der Unterschied zwischen ihm und mir kein absoluter mehr.

Allerdings ist dieser Vorgang erstaunenswürdig, ja, mysteriös. Er ist, in Wahrheit, das große Mysterium der Ethik, ihr Urphänomen und der Grenzstein, über welchen hinaus nur noch die metaphysische Speculation einen Schritt wagen kann. Wir sehen, in jenem Vorgang, die Scheidewand, welche nach dem Lichte der Natur (wie alte Theologen die Vernunft nennen), Wesen von Wesen durchaus trennt, aufgehoben und das Nicht-Ich gewissermaßen zum Ich geworden.

Er will alles haben

Die Haupt- und Grundtriebfeder im Menschen, wie im Thiere, ist der *Egoismus*, d. h. der Drang zum Dasein und Wohlsein. – Das Deutsche Wort *Selbstsucht* führt einen falschen Nebenbegriff von Krankheit mit sich. Das Wort *Eigennutz* aber bezeichnet den Egoismus, sofern er unter Leitung der Vernunft steht, welche ihn befähigt, vermöge der Reflexion, seine Zwecke *planmäßig* zu verfolgen; daher man die Thiere wohl egoistisch, aber nicht eigennützig nennen kann. Ich will also für den allgemeinern Begriff das Wort *Egoismus* beibehalten. – Dieser *Egoismus* ist, im Thiere, wie im Menschen, mit dem innersten Kern und Wesen desselben aufs genaueste verknüpft, ja eigentlich identisch. Daher entspringen, in der Regel, alle seine Handlungen aus dem Egoismus, und aus diesem zunächst ist alle Mal die Erklärung einer gegebenen Handlung zu versuchen; wie denn auch auf denselben die Berechnung aller Mittel, dadurch man den Menschen nach irgend einem Ziele hinzulenken sucht, durchgängig gegründet. Der Egoismus ist, seiner Natur nach, grenzenlos: der Mensch will unbedingt sein Dasein erhalten, will es von Schmerzen, zu denen auch aller Mangel und Entbehrung gehört, unbedingt frei, will die größtmögliche Summe von Wohlsein, und will jeden Genuß, zu dem er fähig ist, ja, sucht wo möglich noch neue Fähigkeiten zum Genusse in sich zu entwickeln.

Alles, was sich dem Streben seines Egoismus entgegenstellt, erregt seinen Unwillen, Zorn, Haß: er wird es als seinen Feind zu vernichten suchen. Er will wo möglich Alles genießen, Alles haben: da aber dies unmöglich ist, wenigstens Alles beherrschen: „Alles für mich, und nichts für die Andern", ist sein Wahlspruch. Der Egoismus ist kolossal: er überragt die Welt. Denn, wenn jedem Einzelnen die Wahl gegeben würde zwischen seiner eigenen und der übrigen Welt Vernichtung; so brauche ich nicht zu sagen, wohin sie, bei den Allermeisten, ausschlagen würde. Demgemäß macht Jeder sich zum Mittelpunkte der Welt, bezieht Alles auf sich und wird was nur vorgeht, z. B. die größten Veränderungen im Schicksale der Völker, zunächst auf sein Interesse dabei beziehen und, sei dieses auch noch so klein und mittelbar, vor Allem daran denken. Keinen größern Kontrast giebt es, als den zwischen dem hohen und exklusiven Antheil, den Jeder an seinem eigenen Selbst nimmt, und der Gleichgültigkeit, mit der in der Regel alle Andern eben jenes Selbst betrachten; wie er ihres.

Schmerz und Freude

In den meisten Fällen, von den ganz unbedeutenden Handlungen abgesehen, bestimmen uns abstrakte, gedachte Motive, nicht gegenwärtige Eindrücke. Daher ist uns jede einzelne Entbehrung für den Augenblick ziemlich leicht, aber jede Entsagung entsetzlich schwer: denn jene trifft nur die vorübereilende Gegenwart, diese aber die Zukunft und schließt daher unzählige Entbehrungen in sich, deren Aequivalent sie ist. Die Ursache unseres Schmerzes, wie unserer Freude, liegt daher meistens nicht in der realen Gegenwart; sondern bloß in abstrakten Gedanken: diese sind es, welche uns oft unerträglich fallen, Qualen schaffen, gegen welche alle Leiden der Thierwelt sehr klein sind, da über dieselben auch unser eigener physischer Schmerz oft gar nicht empfunden wird, ja, wir bei heftigen geistigen Leiden uns physische verursachen, bloß um dadurch die Aufmerksamkeit von jenen abzulenken auf diese: daher rauft man, im größten geistigen Schmerze, sich die Haare aus, schlägt die Brust, zerfleischt das Antlitz, wälzt sich auf dem Boden; welches Alles eigentlich nur gewaltsame Zerstreuungsmittel von einem unerträglich fallenden Gedanken sind. Eben weil der geistige Schmerz, als der viel größere, gegen den physischen unempfindlich macht, wird dem Verzweifelnden, oder von krankhaftem Unmuth Verzehrten, der Selbstmord sehr leicht, auch wenn er früher, im behaglichen Zustande, vor dem Gedanken daran zurückbebte. Imgleichen reiben die Sorge und Leidenschaft, also das Gedankenspiel, den Leib öfter und mehr auf, als die physischen Beschwerden.

Tod

Die Dogmen wechseln und unser Wissen ist trüglich: aber die Natur irrt nicht: ihr Gang ist sicher und sie verbirgt ihn nicht. Jedes ist ganz in ihr, und sie ist ganz in Jedem. In jedem Thier hat sie ihren Mittelpunkt: es hat seinen Weg sicher ins Dasein gefunden, wie es ihn sicher hinausfinden wird: inzwischen lebt es furchtlos vor der Vernichtung und unbesorgt, getragen durch das Bewußtsein, daß es die Natur selbst ist und wie sie unvergänglich.

Der Mensch allein trägt in abstrakten Begriffen die Gewißheit seines Todes mit sich herum: diese kann ihn dennoch, was sehr seltsam ist, nur auf einzelne Augenblicke, wo ein Anlaß sie der Phantasie vergegenwärtigt, ängstigen. Gegen die mächtige Stimme der Natur vermag die Reflexion wenig. Auch in ihm, wie im Thiere, das nicht denkt, waltet als dauernder Zustand jene, aus dem innersten Bewußtsein, daß er die Natur, die Welt selbst ist, entspringende Sicherheit vor, vermöge welcher keinen Menschen der Gedanke des gewissen und nie fernen Todes merklich beunruhigt, sondern jeder dahinlebt, als müsse er ewig leben; was so weit geht, daß sich sagen ließe, keiner habe eine eigentlich lebendige Überzeugung von der Gewißheit seines Todes, da sonst zwischen seiner Stimmung und der des verurtheilten Verbrechers kein so großer Unterschied sein könnte; sondern jeder erkenne zwar jene Gewißheit in abstracto und theoretisch an, lege sie jedoch, wie andere theoretische Wahrheiten, die aber auf die Praxis nicht anwendbar sind, bei Seite, ohne sie irgend in sein lebendiges Bewußtsein aufzunehmen.

Bühne der Welt

Auch wird, im tiefsten Innern, vielleicht eines Jeden, dann und wann ein Mal, ein Bewußtsein sich spüren lassen, daß ihm doch eigentlich eine ganz andere Art von Existenz angemessen wäre und zukäme, als diese so unaussprechlich lumpige, zeitliche, individuelle, mit lauter Miseren beschäftigte; wobei er dann denkt, daß zu jener der Tod ihn zurückführen könnte.

Wenn wir jetzt, im Gegensatz zu dieser nach *innen* gerichteten Betrachtungsweise, wieder nach *außen* blicken und die sich uns darstellende Welt ganz objektiv auffassen; so erscheint uns allerdings der Tod als ein Uebergang ins Nichts; dagegen aber auch die Geburt als ein Hervorgehn aus dem

Nichts. Das Eine wie das Andere kann jedoch nicht unbedingt wahr sein, da es nur die Realität der Erscheinung hat. Auch ist, daß wir, in irgend einem Sinne, den Tod überleben sollten, immer noch kein größeres Wunder, als das der Zeugung, welches wir täglich vor Augen haben. Was stirbt geht dahin, wo alles Leben herkommt und auch das seine.

Der Tod giebt sich unverhohlen kund als das Ende des Individuums, aber in diesem Individuum liegt der Keim zu einem neuen Wesen. Demnach nun also stirbt nichts von Allem, was da stirbt, für immer; aber auch Keines, das geboren wird, empfängt ein von Grund aus neues Dasein. Das Sterbende geht unter: aber ein Keim bleibt übrig, aus welchem ein neues Wesen hervorgeht, welches jetzt ins Dasein tritt, ohne zu wissen woher es kommt und weshalb es gerade ein solches ist, wie es ist. Dies ist das Mysterium der *Palingenesie,* als dessen Erläuterung man das 41ste Kapitel im zweiten Bande meines Hauptwerks betrachten kann. Danach leuchtet uns ein, daß alle in diesem Augenblicke lebenden Wesen den eigentlichen Kern aller künftig leben werdenden enthalten, diese also gewissermaßen schon jetzt da sind. Imgleichen scheint jedes in voller Blüthe dastehende Thier uns zuzurufen: „was klagst du über die Vergänglichkeit der Lebendigen? wie könnte ich dasein, wenn nicht alle Die meiner Gattung welche vor mir waren, gestorben wären?“ — So sehr auch, demzufolge, auf der Bühne der Welt die Stücke und die Masken wechseln, so bleiben in allen die Schauspieler die selben. Wir sitzen zusammen und reden und regen einander auf und die Augen leuchten und die Stimmen werden schallender: ganz eben so haben *Andere* gesessen, vor tausend Jahren: es war das Selbe, und es waren *die Selben:* eben so wird es sein über tausend Jahre. Die Vorrichtung, wodurch wir dessen nicht inne werden, ist *die Zeit.*

Drittes Kapitel

Dämonen, Götter und Pedanten

Die große Mehrzahl der Menschen ist so beschaffen, daß ihrer ganzen Natur nach es ihnen mit nichts Ernst sein kann, als mit Essen, Trinken und sich begatten. Diese werden Alles, was die seltenen erhabenen Naturen, sei es als Religion, oder als Wissenschaft, oder Kunst in die Welt gebracht haben, sogleich als Werkzeuge zu ihren niedrigen Zwecken benutzen, indem sie meistens es zu ihrer Maske machen.

Verfälschtes Urteil

Liebe und *Haß* verfälschen unser Urtheil gänzlich: an unsern Feinden sehen wir nichts, als Fehler, an unsern Lieblingen lauter Vorzüge, und selbst ihre Fehler scheinen uns liebenswürdig.

Eine ähnliche geheime Macht übt unser *Vortheil*, welcher Art er auch sei, über unser Urtheil aus: was ihm gemäß ist, erscheint uns alsbald billig, gerecht, vernünftig; was ihm zuwider läuft, stellt sich uns, im vollen Ernst, als ungerecht und abscheulich, oder zweckwidrig und absurd dar. Daher so viele Vorurtheile des Standes, des Gewerbes, der Nation, der Sekte, der Religion.

Eine gefaßte Hypothese giebt uns Luchsaugen für alles sie Bestätigende, und macht uns blind für alles ihr Widersprechende. Was unserer Partei, unserm Plane, unserm Wunsche, unserer Hoffnung entgegensteht, können wir oft gar nicht fassen und begreifen, während es allen Andern klar vorliegt: das jenen Günstige hingegen springt uns von ferne in die Augen.

Was dem Herzen widerstrebt, läßt der Kopf nicht ein.

Manche Irrthümer halten wir unser Leben hindurch fest, und hüten uns, jemals ihren Grund zu prüfen, bloß aus einer uns selber unbewußten Furcht, die Entdeckung machen zu können, daß wir so lange und so oft das Falsche geglaubt und behauptet haben. –

So wird denn täglich unser Intellekt durch die Gaukeleien der Neigung bethört und bestochen.

Vorurteil und Nachurteil

Aeußerungen der Urtheilskraft sind auch Witz und Scharfsinn: in jenem ist sie reflektirend, in diesem subsumirend thätig. Bei den meisten Menschen ist die Urtheilskraft bloß nominell vorhanden: es ist eine Art Ironie, daß man sie den normalen Geisteskräften beizählt, statt sie allein den monstris per excessum [unnatürlichen Ausnahmeerscheinungen] zuzuschreiben. Die gewöhnlichen Köpfe zeigen selbst in den kleinsten Angelegenheiten Mangel an Zutrauen zu ihrem eigenen Urtheil; eben weil sie aus Erfahrung wissen, daß es keines verdient. Seine Stelle nimmt bei ihnen Vorurtheil und Nachurtheil ein; wodurch sie in einem Zustand fortdauernder Unmündigkeit erhalten werden, aus welcher unter vielen Hunderten kaum einer losgesprochen wird.

Eingeständlich ist sie freilich nicht; da sie sogar vor sich selber zum Schein urtheilen, dabei jedoch stets nach der Meinung Anderer schielen, welche ihr heimlicher Richtpunkt bleibt. Während Jeder sich schämen würde, in einem geborgten Rock, Hut oder Mantel umherzugehen, haben sie Alle keine anderen, als geborgte Meinungen, die sie begierig aufraffen, wo sie ihrer habhaft werden, und dann, sie für eigen ausgebend, damit herumstolziren. Andere borgen sie wieder von ihnen und machen es damit eben so. Dies erklärt die schnelle und weite Verbreitung der Irrthümer, wie auch den Ruhm des Schlechten: denn die Meinungsverleiher von Profession, also Journalisten u. dgl., geben in der Regel nur falsche Waare aus, wie die Ausleiher der Maskenanzüge nur falsche Juwelen.

Regel und Anwendung

Wollte ein Philosoph damit anfangen, die Methode, nach der er philosophiren will, sich auszudenken; so gliche er einem Dichter, der zuerst sich eine Aesthetik schriebe, um sodann nach dieser zu dichten: Beide aber glichen einem Menschen, der zuerst sich ein Lied sänge und hinterher danach tanzte. Der denkende Geist muß seinen Weg aus ursprünglichem Triebe finden: Regel und Anwendung, Methode und Leistung müssen, wie Materie und Form, unzertrennlich auftreten. Aber nachdem man angelangt ist, mag man den zurückgelegten Weg betrachten. Aesthetik und Methodologie sind, ihrer Natur nach, jünger als Poesie und Philosophie; wie die Grammatik jünger ist als die Sprache, der Generalbaß jünger als die Musik, die Logik jünger als das Denken.

Philosophie durch Erfahrung

Eine seltsame und unwürdige Definition der Philosophie, die aber sogar noch Kant giebt, ist diese, das sie eine Wissenschaft *aus bloßen Begriffen* wäre. Ist doch das ganze Eigenthum der Begriffe nichts Anderes, als was darin niedergelegt worden, nachdem man es der anschaulichen Erkenntniß abgeborgt und abgebettelt hatte, dieser wirklichen und unerschöpflichen Quelle aller Einsicht. Daher läßt eine wahre Philosophie sich nicht herausspinnen aus bloßen, abstrakten Begriffen; sondern muß gegründet sein auf Beobachtung und Erfahrung, sowohl innere, als äußere.

Philosophieprofessorenbrot

Ach, es ist doch ein saueres Stück Brod, das Philosophieprofessorenbrod! Erst muß man nach der Pfeife der Minister tanzen, und wenn man nun das recht zierlich geleistet hat, da kann man draußen noch angefallen werden von den wilden Menschenfressern, den wirklichen Philosophen: die sind im Stande Einen einzustecken und mitzunehmen, um ihn als Taschenpulcinello, zur Aufheiterung bei ihren Darstellungen, gelegentlich hervorzuziehn.

Große Geister, kleine Geister

Die *großen Geister* sind den kleinen Geistern deshalb einige Schonung schuldig: weil sie eben nur vermöge der Kleinheit Dieser große Geister sind; indem Alles relativ ist.

Denken und experimentieren

Wohin Denken ohne Experimentiren führt, hat uns das Mittelalter gezeigt: aber dies Jahrhundert ist bestimmt, uns sehn zu lassen, wohin Experimentiren ohne Denken führt, und was bei der Jugendbildung herauskommt, die sich auf Physik und Chemie beschränkt.

Philosophie und Dichtung

Der *Dichter* bringt Bilder des Lebens, menschliche Charaktere und Situationen vor die Phantasie, setzt das Alles in Bewegung, und überläßt nun Jedem, bei diesen Bildern so weit zu denken, wie seine Geisteskraft reicht. Dieserhalb kann er

Menschen von den verschiedensten Fähigkeiten, ja, Thoren und Weisen zugleich genügen. Der *Philosoph* hingegen bringt nicht, in jener Weise, das Leben selbst, sondern die fertigen, von ihm daraus abstrahirten Gedanken, und fordert nun, daß sein Leser eben so und eben so weit denke, wie er selbst. Dadurch wird sein Publikum sehr klein. Der Dichter ist danach Dem zu vergleichen, der die Blumen, der Philosoph Dem, der die Quintessenz derselben bringt.

Ein andrer großer Vortheil, den poetische Leistungen vor philosophischen haben, ist dieser, daß alle Dichterwerke, ohne sich zu hindern, neben einander bestehn, ja, sogar die heterogensten unter ihnen von einem und demselben Geiste genossen und geschätzt werden können; während jedes philosophische System, kaum zur Welt gekommen, schon auf den Untergang aller seiner Brüder bedacht ist, gleich einem Asiatischen Sultan bei seinem Regierungsantritt. Denn, wie im Bienenstocke nur *eine* Königin sein kann, so nur *eine* Philosophie an der Tagesordnung. Die Systeme sind nämlich so ungeselliger Natur, wie die Spinnen, deren jede allein in ihrem Netze sitzt und nun zusieht, wie viele Fliegen sich darin werden fangen lassen, aber einer andern Spinne nur, um mit ihr zu kämpfen, sich nähert. Also während die Dichterwerke friedlich neben einander weiden, wie Lämmer, sind die philosophischen geborene reißende Thiere, und sogar in ihrer Zerstörungssucht, gleich den Skorpionen, Spinnen und einigen Insektenlarven, vorzüglich gegen die eigene Species gerichtet. Sie treten in der Welt auf, gleich den geharnischten Männern aus der Saat der Drachenzähne des Jason, und haben bis jetzt, gleich diesen, sich alle wechselseitig aufgerieben. Schon dauert dieser Kampf über zwei Tausend Jahre: wird je aus ihm ein letzter Sieg und bleibender Frieden hervorgehn?

Narren der Natur

A. Das bisherige *Mißlingen der Philosophie* ist nothwendig und daraus erklärlich, daß dieselbe, statt sich auf das tiefere Verständniß der gegebenen Welt zu beschränken, sogleich darüber hinaus will und die letzten Gründe alles Daseins, die ewigen Verhältnisse aufzufinden sucht, welche zu denken unser Intellekt ganz unfähig ist, dessen Fassungskraft durchaus nur für Das taugt, was die Philosophen bald endliche Dinge, bald Erscheinungen genannt haben, kurzum die flüchtigen Gestalten dieser Welt und Das, was für unsere Person, unsere Zwecke und unsere Erhaltung taugt: er ist immanent. Daher soll diese Philosophie auch immanent sein und nicht sich versteigen zu überweltlichen Dingen, sondern sich darauf beschränken, die gegebene Welt von Grund aus zu verstehn: die giebt Stoff genug.

B. Wenn es so ist, so haben wir an unserm Intellekt ein armseliges Geschenk der Natur: wenn er bloß taugt, die Verhältnisse zu fassen, die unsere erbärmliche, individuelle Existenz betreffen und bloß während der kurzen Spanne unsers zeitlichen Daseins bestehn, hingegen Das, was allein werth ist, ein denkendes Wesen zu interessiren, – die Erklärung unsers Daseins überhaupt, und die Auslegung der Verhältnisse der Welt im Ganzen, kurz die Lösung des Räthsels dieses Lebenstraumes, – wenn dies Alles gar nicht in ihn hineingeht und er es nimmermehr, auch wenn es ihm dargelegt würde, zu fassen vermöge, – dann finde ich den Intellekt nicht werth, ihn auszubilden und mit ihm mich zu beschäftigen: er ist ein Ding, nicht werth, sich danach zu bücken.

A. Mein Freund, wenn wir mit der Natur hadern, behalten wir gewöhnlich Unrecht. Bedenke, Natura nihil facit frustra nec supervacaneum. [Die Natur macht nichts vergebens und nichts Überflüssiges.] Wir sind eben bloß zeitliche, endliche, vergängliche, traumartige, wie Schatten vorüberfliegende Wesen; was sollte solchen ein Intellekt, der unendliche, ewige, absolute Verhältnisse faßt? Und wie sollte ein solcher Intellekt diese Verhältnisse wieder verlassen, um sich zu den für uns allein realen, allein uns wirklich betreffenden, kleinen Verhältnissen unsers ephemeren Daseins zu wenden und noch für diese zu taugen? Die Natur würde durch Verleihung eines solchen Intellekts nicht nur ein unermeßlich großes Frustra gemacht, sondern ihren Zwecken mit uns geradezu entgegen gearbeitet haben. Denn was würde es taugen, wie *Shakespeare* sagt:

> we fools of nature,
> So horridly to shake our disposition,
> With thoughts beyond the reaches of our souls.
> (Hamlet, act I, sc. 4.)*

Würde eine solche vollkommene und erschöpfende metaphysische Einsicht uns nicht zu aller physischen, zu allem unsern Thun und Treiben unfähig machen, vielleicht uns für immer in ein erstarrendes Entsetzen versenken, wie Den, der ein Gespenst gesehn? –

Der richtige Blick

Aber auch die *Weisheit,* die wahre Lebensansicht, der richtige Blick und das treffende Urtheil, gehen hervor aus der Art, wie der Mensch die anschauliche Welt auffaßt, nicht aber aus seinem bloßen Wissen, d. h. nicht aus abstrakten Begriffen. Wie der Fonds oder Grundgehalt jeder Wissenschaft nicht in den Beweisen, noch in dem Bewiesenen besteht, sondern in dem Unbewiesenen, auf welches die Beweise sich stützen und welches zuletzt nur anschaulich erfaßt wird; so besteht auch der

* Nach der Schlegel-Tieck'schen Uebersetzung:
daß wir, Narren der Natur,
So furchtbarlich uns schütteln mit Gedanken,
Die unsre Seele nicht erreichen kann?

Fonds der eigentlichen Weisheit und der wirklichen Einsicht jedes Menschen nicht in den Begriffen und dem Wissen in abstracto, sondern in dem Angeschauten und dem Grade der Schärfe, Richtigkeit und Tiefe, mit dem er es aufgefaßt hat. Wer hierin excellirt, erkennt die (Platonischen) Ideen der Welt und des Lebens: jeder Fall, den er gesehen, repräsentirt ihm unzählige: er faßt immer mehr jedes Wesen seiner wahren Natur nach auf, und sein Thun, wie sein Urtheil, entspricht seiner Einsicht. Allmälig nimmt auch sein Antlitz den Ausdruck des richtigen Blickes, der wahren Vernünftigkeit und, wenn es weit kommt, der Weisheit an. Denn die Ueberlegenheit in der anschauenden Erkenntniß ist es allein, die ihren Stempel auch den Gesichtszügen aufdrückt; während die in der abstrakten dies nicht vermag.

Dem Gesagten gemäß finden wir unter allen Ständen Menschen von intellektueller Ueberlegenheit, und oft ohne alle Gelehrsamkeit. Denn natürlicher Verstand kann fast jeden Grad von Bildung ersetzen, aber keine Bildung den natürlichen Verstand. Der Gelehrte hat vor Solchen allerdings einen Reichthum von Fällen und Thatsachen (historische Kenntniß) und Kausalbestimmungen (Naturlehre), Alles in wohlgeordnetem, übersehbarem Zusammenhange, voraus: aber damit hat er doch noch nicht die richtigere und tiefere Einsicht in das eigentlich Wesentliche aller jener Fälle, Thatsachen und Kausalitäten.

Der Ungelehrte von Scharfblick und Penetration weiß jenes Reichthums zu entrathen: mit Vielem hält man Haus, mit wenig kommt man aus. Ihn lehrt Ein Fall aus eigener Erfahrung mehr, als manchen Gelehrten tausend Fälle, die er *kennt,* aber nicht eigentlich *versteht:* denn das wenige Wissen jenes Ungelehrten ist lebendig: indem jede ihm bekannte Thatsache durch richtige und wohlgefaßte Anschauung belegt ist, wodurch dieselbe ihm tausend ähnliche vertritt. Hingegen ist das viele Wissen der gewöhnlichen Gelehrten *todt;* weil es wenn auch nicht, wie oft der Fall ist, aus bloßen Worten, doch aus lauter abstrakten Erkenntnissen besteht: diese aber erhalten ihren Werth allein durch die *anschauliche* Erkenntniß des Individuums, auf die sie sich beziehen, und die zuletzt die sämmtlichen Begriffe realisiren muß. Ist nun diese sehr dürftig; so ist ein solcher Kopf beschaffen, wie eine Bank, deren Assignationen den baaren Fonds zehnfach übersteigen, wodurch sie zuletzt bankrott wird. Daher, während manchem Ungelehrten die richtige Auffassung der anschaulichen Welt den Stempel der Einsicht und Weisheit auf die Stirn gedrückt hat, trägt das Gesicht manches Gelehrten von seinen vielen Studien keine anderen Spuren, als die der Erschöpfung und Abnutzung, durch übermäßige, erzwungene Anstrengungen des Gedächtnisses zu widernatürlicher Anhäufung todter Begriffe: dabei sieht ein solcher oft so einfältig, albern und schafmäßig darein, daß man glauben muß, die übermäßige Anstrengung der dem Abstrakten zugewendeten, mittelbaren Erkenntnißkraft bewirke direkte Schwächung der unmittelbaren und anschauenden, und der natürliche, richtige Blick werde durch das Bücherlicht mehr und mehr geblendet.

Allerdings muß das fortwährende Einströmen fremder Gedanken die eigenen hemmen und ersticken, ja, auf die Länge, die Denkkraft lähmen, wenn sie nicht den hohen Grad von Elasticität hat, welcher jenem unnatürlichen Strom zu widerstehen vermag. Daher verdirbt das unaufhörliche Lesen und Studiren geradezu den Kopf; zudem auch dadurch, daß das System unserer eigenen Gedanken und Erkenntnisse seine Ganzheit und stetigen Zusammenhang einbüßt, wenn wir diesen so oft willkürlich unterbrechen, um für einen ganz fremden Gedankengang Raum zu gewinnen.

Meine Gedanken verscheuchen, um denen eines Buches Platz zu machen, käme mir vor, wie was Shakespeare an den Touristen seiner Zeit tadelt, daß sie ihr eigen Land verkaufen, um Anderer ihres zu sehen. Jedoch ist die Lesewuth der meisten Gelehrten eine Art fuga vacui [Flucht vor der Leere] der Gedankenleere ihres eigenen Kopfes, welche nun das Fremde mit Gewalt hereinzieht: um Gedanken zu haben, müssen sie welche lesen, wie die leblosen Körper nur von außen Bewegung erhalten; während die Selbstdenker den Lebendigen gleichen, die sich von selbst bewegen. Es ist sogar gefährlich, früher über einen Gegenstand zu lesen, als man selbst darüber nachgedacht hat. Denn da schleicht sich mit dem neuen Stoff zugleich die fremde Ansicht und Behandlung desselben in den Kopf, und zwar umsomehr, als Trägheit und Apathie anrathen, sich die Mühe des Denkens zu ersparen und das fertige Gedachte anzunehmen und gelten zu lassen. Dies nistet sich jetzt ein, und fortan nehmen die Gedanken darüber, gleich den in Gräben geleiteten Bächen, stets den gewohnten Weg: einen eigenen, neuen zu finden, ist dann doppelt schwer. Dies trägt viel bei zum Mangel an Originalität der Gelehrten. Dazu kommt aber noch, daß sie vermeinen, gleich anderen Leuten, ihre Zeit zwischen Genuß und Arbeit theilen zu müssen. Nun halten sie das Lesen für ihre Arbeit und eigentlichen Beruf, überfressen sich also daran bis zur Unverdaulichkeit. Da spielt nun nicht mehr bloß das Lesen dem Denken das Prävenire, sondern nimmt dessen Stelle ganz ein: denn sie denken die Sachen auch gerade nur so lange, wie sie darüber lesen, also mit einem fremden Kopf, nicht mit dem eigenen. Ist aber das Buch weggelegt, so nehmen ganz andere Dinge ihr Interesse viel lebhafter in Anspruch, nämlich persönliche Angelegenheiten, sodann Schauspiel, Kartenspiel, Kegelspiel, Tagesbegebenheiten und Geklatsch.

Der Geist ist seiner Natur nach ein Freier, kein Frönling: nur was er von selbst und gern thut, geräth. Hingegen erzwungene Anstrengung eines Kopfes, zu Studien, denen er nicht gewachsen ist, oder wann er müde geworden, oder überhaupt zu anhaltend und invita Minerva [gegen den Willen der Minerva, der Weisheitsgöttin], stumpft das Gehirn so ab, wie Lesen im Mondschein die Augen.

Buchstabenmenschen

Wie aber die Sichtbarkeit der Gegenstände ihren Wert und Bedeutung doch nur dadurch hat, daß sie die Fühlbarkeit derselben verkündigt, so liegt der ganze Werth der abstrakten Erkenntniß immer in ihrer Beziehung auf die anschauliche. Daher aber legt der natürliche Mensch immer viel mehr Werth auf das unmittelbar und anschaulich Erkannte, als auf die abstrakten Begriffe, das bloß Gedachte: er zieht die empirische Erkenntniß der logischen vor. Umgekehrt aber sind diejenigen gesinnt, welche mehr in Worten, als Thaten leben, mehr in Papier und Bücher, als in die wirkliche Welt gesehen haben, und die in ihrer größten Ausartung zu Pedanten und Buchstabenmenschen werden.

Unredliche Disputation

Wenn man, im Fortgange der Disputation, merkt, daß es schief geht, und der Gegner siegen wird; so sucht man bei Zeiten diesem Unfall vorzubeugen durch eine mutatio controversiae, also durch Ablenken der Diskussion auf einen anderen Gegenstand, nämlich auf irgend eine Nebensache, nöthigenfalls sogar durch Abspringen auf eine solche. Diese sucht man jetzt dem Gegner unterzuschieben, um sie anzufechten und statt des ursprünglichen Gegenstandes zum Thema der Kontroverse zu machen; so daß der Gegner seinen bevorstehenden Sieg verlassen muß, um sich dahin zu wenden. Sollte man aber unglücklicherweise auch hier bald ein starkes Gegenargument aufmarschieren sehn; nun, so macht man es geschwind wieder eben so, springt also abermals auf etwas Anderes ab: und das kann man zehn Mal in einer Viertelstunde wiederholen, wenn nicht etwan der Gegner die Geduld verliert. Diese strategischen Diversionen wird man am geschicktesten dadurch ausführen, daß man die Kontroverse unvermerkt und allmälig auf einen, dem in Rede stehenden Gegenstand verwandten, wo möglich auf etwas noch wirklich ihn selbst, nur in anderer Hinsicht, Betreffendes, hinüberspielt. Schon weniger fein ist es, wenn man bloß das Subjekt der These beibehält, aber andere Beziehungen desselben auf's Tapet bringt, die wohl gar mit den in Rede stehenden nichts zu thun haben, z. B. vom Buddaismus der Chinesen redend auf ihren Theehandel übergeht. Ist nun aber auch nicht ein Mal Dies ausführbar; so greift man irgend einen vom Gegner zufällig gebrauchten Ausdruck auf, um an diesen eine ganz neue Kontroverse zu knüpfen und so von der alten los zu kommen: z. B. der Gegner habe sich so ausgedrückt: „hier eben liegt das Mysterium der Sache“: so fällt man geschwinde ein: „Ja, wenn Sie von Mysterien und Mystik reden, da bin ich nicht Ihr Mann: denn was das betrifft“, u. s. w., und nun wird das weite Feld gewonnen. Bietet sich aber selbst hiezu keine Gelegenheit; so muß man noch dreister zu Werke gehn und plötzlich auf eine ganz fremde Sache abspringen, etwan mit: „ja, und so behaupteten Sie auch neulich“ u. s. w. – Die Diversion überhaupt ist unter allen Kniffen, deren unredliche Disputanten sich, meistens instinktmäßig, bedienen, der beliebteste und gebräuchlichste und fast unausbleiblich, sobald sie in Verlegenheit gerathen.

Dergleichen Stratagemata also hatte ich ungefähr vierzig zusammengestellt und ausgeführt. Aber die Beleuchtung aller dieser Schlupfwinkel der, mit Eigensinn, Eitelkeit und Unredlichkeit verschwisterter Beschränktheit und Unfähigkeit widert mich jetzt an; daher ich es bei dieser Probe bewenden lasse und desto ernstlicher auf die oben angegebenen Gründe zum Vermeiden des Disputirens mit Leuten, wie die meisten sind, verweise. Man mag allenfalls der Fassungskraft eines Andern durch Argumente zu Hülfe zu kommen versuchen: aber sobald man in seinen Gegenreden Eigensinn bemerkt, soll man auf der Stelle abbrechen.

Der Gelehrte als Lump

Der deutsche Gelehrte ist aber auch zu arm, um redlich und ehrenhaft sein zu können. Daher ist drehen, winden, sich akkomodiren und seine Ueberzeugung verleugnen, lehren und schreiben was er nicht glaubt, kriechen, schmeicheln, Partei machen und Kameradschaft schließen, Minister, Große, Kollegen, Studenten, Buchhändler, Recensenten, kurz, Alles eher, als die Wahrheit und fremdes Verdienst, berücksichtigen, — sein Gang und seine Methode. Er wird dadurch meistens ein rücksichtsvoller Lump. In Folge davon hat denn auch, in der deutschen Litteratur überhaupt und der Philosophie insbesondere, die Unredlichkeit so sehr die Oberhand gewonnen, daß zu hoffen steht, es werde damit den Punkt erreichen, wo sie, als unfähig, noch irgend Jemanden zu täuschen, unwirksam wird.

Geschichte

Wenn es überhaupt mit aller Geschichte viel auf sich haben sollte, müßte unser Geschlecht nicht ein so erzlügenhaftes sein, wie es leider ist.

Wiederkäuer

Im Ganzen genommen, ist die Stallfütterung der Professuren am geeignetsten für die Wiederkäuer. Hingegen Die, welche aus den Händen der Natur die eigene Beute empfangen, befinden sich besser im Freien.

Dummheit

Mangel an Verstand heißt im eigentlichen Sinne *Dummheit* und ist eben *Stumpfheit in der Anwendung des Gesetzes der Kausalität,* Unfähigkeit zur unmittelbaren Auffassung der Verkettungen von Ursach und Wirkung, Motiv und Handlung. Ein Dummer sieht nicht den Zusammenhang der Naturerscheinungen ein, weder wo sie sich selbst überlassen hervortreten, noch wo sie absichtlich gelenkt, d. h. zu Maschinen dienstbar gemacht sind: dieserhalb glaubt er gern an Zauberei und Wunder. Ein Dummer merkt nicht, daß verschiedene Personen, scheinbar unabhängig von einander, in der That aber im verabredetem Zusammenhange handeln: er läßt sich daher leicht mystificiren und intriguiren: er merkt nicht die verheimlichten Motive gegebener Ratschläge, ausgesprochener Urtheile u. s. w. Immer aber mangelt ihm nur das Eine: Schärfe, Schnelligkeit, Leichtigkeit der Anwendung des Gesetzes der Kausalität, d. i. Kraft des Verstandes. –

Das größte und in der zu betrachtenden Rücksicht lehrreichste Beispiel von Dummheit, das mir je vorgekommen, war ein völlig blödsinniger Knabe von etwan elf Jahren, im Irrenhause, der zwar Vernunft hatte, da er sprach und vernahm, aber an Verstand manchem Thiere nachstand: denn er betrachtete, so oft ich kam, ein Brillenglas, das ich am Halse trug und in welchem, durch die Spiegelung, die Fenster des Zimmers und Baumgipfel hinter diesen erschienen: darüber hatte er jedesmal große Verwunderung und Freude, und wurde nicht müde, es mit Erstaunen anzusehen; weil er diese ganz unmittelbare Kausalität der Spiegelung nicht verstand.

Dämonen, Götter und Heilige

So sehr nun aber auch große und kleine Plagen jedes Menschenleben füllen und in steter Unruhe und Bewegung erhalten, so vermögen sie doch nicht die Unzulänglichkeit des Lebens zur Erfüllung des Geistes, das Leere und Schaale des Daseins zu verdecken, oder die Langeweile auszuschließen, die immer bereit ist jede Pause zu füllen, welche die Sorge läßt. Daraus ist es entstanden, daß der menschliche Geist, noch nicht zufrieden mit den Sorgen, Bekümmernissen und Beschäftigungen, die ihm die wirkliche Welt auflegt, sich in der Gestalt von tausend verschiedenen Superstitionen noch eine imaginäre Welt schafft, mit dieser sich dann auf alle Weise zu thun macht und Zeit und Kräfte an ihr verschwendet, sobald die wirkliche ihm die Ruhe gönnen will, für die er gar nicht empfänglich ist. Dieses ist daher auch ursprünglich am meisten der Fall bei den Völkern, welchen die Milde des Himmelstriches und Bodens das Leben leicht macht, vor allen bei den Hindus, dann bei den Griechen, Römern, und später bei den Italiänern, Spaniern u. s. w. –

Dämonen, Götter und Heilige schafft sich der Mensch nach

seinem eigenen Bilde; diesen müssen dann unablässig Opfer, Gebete, Tempelverzierungen, Gelübde und deren Lösung, Wallfahrten, Begrüßungen, Schmückung der Bilder u. s. w. dargebracht werden. Ihr Dienst verwebt sich überall mit der Wirklichkeit, ja verdunkelt diese: jedes Ereigniß des Lebens wird dann als Gegenwirkung jener Wesen aufgenommen: der Umgang mit ihnen füllt dann die halbe Zeit des Lebens aus, unterhält beständig die Hoffnung und wird, durch den Reiz der Täuschung, oft interessanter, als der mit wirklichen Wesen. Er ist der Ausdruck und das Symptom der wirklichen Bedürftigkeit des Menschen, theils nach Hülfe und Beistand, und theils nach Beschäftigung und Kurzweil: und wenn er auch dem erstern Bedürfniß oft gerade entgegenarbeitet, indem bei vorkommenden Unfällen und Gefahren, kostbare Zeit und Kräfte, statt auf deren Abwendungen, auf Gebete und Opfer unnütz verwendet werden; so dient er dem zweiten Bedürfniß dafür desto besser, durch jene phantastische Unterhaltung mit einer erträumten Geisterwelt: und dies ist der gar nicht zu verachtende Gewinn aller Superstitionen.

Kants alter Hut

Die Menschen *verehren* auch gern irgend etwas: nur hält ihre Verehrung meistens vor der unrechten Thür, woselbst sie stehn bleibt, bis die Nachwelt kommt, sie zurechtzuweisen. Nachdem dies geschehen ist, artet die Verehrung, welche der gebildete große Haufe dem Genie zollt, gerade so wie die, welche die Gläubigen ihren Heiligen widmen, gar leicht in läppischen Reliquiendienst aus. Wie Tausende von Christen die Reliquien eines Heiligen anbeten, dessen Leben und Lehre ihnen unbekannt ist; wie die Religion Tausender von Buddhaisten viel mehr in der Verehrung des Dalada (heiligen Zahns), oder sonstigen Dhatu (Reliquie) ja, der sie einschließenden Dagoba (Stupa), oder der heiligen Patra (Eßnapf), oder der versteinerten Fußstapfe, oder des heiligen Baumes, den Buddha gesäet hat, besteht, als in der gründlichen Kenntniß und treuen Ausübung seiner hohen Lehre; so wird Petrarka's Haus in Arqua, Tasso's angebliches Gefängniß in Ferrara, Shakespeare's Haus in Stratford, nebst seinem Stuhl darin, Goethe's Haus in Weimar, nebst Mobilien, Kant's alter Hut, imgleichen die respektiven Autographen, von Vielen aufmerksam und ehrfurchtsvoll angegafft, welche die Werke der Männer nie gelesen haben. Sie können nun eben weiter nichts, als gaffen.

Götzendienst

Ob man sich ein *Idol* macht aus Holz, Stein, Metall, oder es zusammensetzt aus abstrakten Begriffen, ist einerlei: es bleibt *Idololatrie*, sobald man ein persönliches Wesen vor sich hat, dem man opfert, das man anruft, dem man dankt. Es ist auch im Grunde so verschieden nicht, ob man seine Schaafe, oder seine Neigungen opfert. Jeder Ritus oder Gebet zeugt unwidersprechlich von Idololatrie. Daher stimmen die mystischen Sekten aus allen Religionen darin überein, daß sie allen Ritus für ihre Adepten aufheben.

Zivilisation und Religion

Daß die *Civilisation* unter den *christlichen* Völkern am höchsten steht, liegt nicht daran, daß das Christentum ihr günstig, sondern daran, daß es abgestorben ist und wenig Einfluß mehr hat: so lange es ihn hatte, war die Civilisation weit zurück; im Mittelalter. Hingegen haben *Islam, Brahmanismus* und *Buddhaismus* noch durchgreifenden Einfluß aufs Leben:

in China noch am wenigsten, daher die Civilisation der europäischen ziemlich gleich kommt. Alle *Religion* steht im Antagonismus mit der Cultur. –

Die europäischen Regierungen verbieten jeden Angriff auf die *Landesreligion.* Sie selbst aber schicken *Missionarien* in Brahmanische, Buddhaistische Länder, welche die dortigen Religionen eifrig und von Grund aus angreifen, – ihrer importirten Platz zu machen. Und dann schreien sie Zeter, wenn ein Mal ein chinesischer Kaiser, oder Großmandarin von Tunkin solchen Leuten die Köpfe abschlägt. –

Religion und Spott

Was für ein schlechtes Gewissen die *Religion* haben muß, ist daran zu ermessen, daß es bei so schweren Strafen verboten ist, über sie zu *spotten.* –

Deutscher Fehler

Ein eigenthümlicher Fehler der Deutschen ist, daß sie, was vor ihren Füßen liegt, in den Wolken suchen.

Verlangen nach Philosophie

Mit der Unfähigkeit zum Glauben wächst das Bedürfniß der Erkenntniß. Es giebt einen Siedepunkt auf der Skala der Kultur, wo aller Glaube, alle Offenbarung, alle Auktoritäten sich verflüchtigen, der Mensch nach eigener Einsicht verlangt, belehrt, aber auch überzeugt sein will. Das Gängelband der Kindheit ist von ihm abgefallen: er will auf eigenen Beinen stehen. Dabei aber ist sein metaphysisches Bedürfniß (Welt als

W. und V., B. 2, Kap. 17) so unvertilgbar, wie irgend ein physisches. Dann wird es Ernst mit dem Verlangen nach Philosophie, und die bedürftige Menschheit ruft alle denkenden Geister, die sie jemals aus ihrem Schooß erzeugt hat, an. Mit hohlem Wortkram und impotenten Bemühungen geistiger Kastraten ist da nicht mehr auszureichen; sondern es bedarf dann einer ernstlich gemeinten, d. h. einer auf Wahrheit, nicht auf Gehalte und Honorare gerichteten Philosophie, die daher nicht frägt, ob sie Ministern oder Räthen gefalle, oder dieser oder jener Kirchenpartei der Zeit in ihren Kram passe; sondern an den Tag legt, daß der Beruf der Philosophie ein ganz anderer sei, als eine Erwerbsquelle für die Armen am Geiste abzugeben.

Tiefe

Überhaupt wird der echte Philosoph überall Helle und Deutlichkeit suchen, und stets bestrebt sein, nicht einem trüben, reißenden Regenbach zu gleichen, sondern vielmehr einem Schweizer See, der durch seine Ruhe, bei großer Tiefe große Klarheit hat, welche eben erst die Tiefe sichtbar macht.

Abrichtung und Bildung

Eigentliche Bildung, bei welcher Erkenntniß und Urtheil Hand in Hand gehen, kann nur Wenigen zugewandt werden, und noch Wenigere sind fähig sie aufzunehmen. Für den großen Haufen tritt überall an ihre Stelle eine Art Abrichtung: sie wird bewerkstelligt durch Beispiel, Gewohnheit und sehr frühzeitiges, festes Einprägen gewisser Begriffe, ehe irgend Erfahrung, Verstand und Urtheilskraft da wären, das Werk zu stören. So werden Gedanken eingeimpft, die nachher so fest und durch keine Belehrung zu erschüttern haften, als wären sie *angeboren*, wofür sie auch oft, selbst von Philosophen, angesehen worden sind.

Auf diesem Wege kann man, mit gleicher Mühe, den Menschen das Richtige und Vernünftige, oder auch das Absurdeste einprägen, z. B. sie gewöhnen, sich diesem oder jenem Götzen nur von heiligem Schauer durchdrungen zu nähern und beim Nennen seines Namens nicht nur mit dem Leibe, sondern auch mit dem ganzen Gemüthe sich in den Staub zu werfen; an Worte, an Namen, an die Vertheidigung der abenteuerlichsten Grillen, willig ihr Eigenthum und Leben zu setzen: die größte Ehre und die tiefste Schande beliebig an Dieses oder an Jenes zu knüpfen und danach Jeden mit inniger Überzeugung hoch zu schätzen, oder zu verachten; aller animalischen Nahrung zu entsagen, wie in Hindustan, oder die dem lebenden Thiere herausgeschnittenen, noch warmen und zuckenden Stücke zu verzehren, wie in Abyssinien; Menschen zu fressen, wie in Neuseeland, oder ihre Kinder dem Moloch zu opfern; sich selbst zu kastriren, sich willig in den Scheiterhaufen des Verstorbenen zu stürzen, – mit einem Worte, *was man will.*

Daher die Kreuzzüge, die Ausschweifungen fanatischer Sekten, daher Chiliasten und Flagellanten, Ketzerverfolgungen, Autos de Fe, und was immer das lange Register menschlicher Verkehrtheiten noch sonst darbietet. Damit man nicht denke, daß nur finstere Jahrhunderte solche Beispiele liefern, füge ich ein Paar neuere hinzu. Im Jahre 1818 zogen aus dem Würtembergischen 7000 Chiliasten in die Nähe von Ararat; weil das, besonders durch Jung-Stilling angekündigte, neue

Reich Gottes daselbst anbrechen sollte.* *Gall* erzählt, daß zu seiner Zeit eine Mutter ihr Kind getödtet und gebraten habe, um mit dessen Fett die Rheumatismen ihres Mannes zu kuriren.**

Glauben und Wissen+

Die Philosophie hat, als eine Wissenschaft, es durchaus nicht damit zu thun, was *geglaubt* werden soll, oder darf; sondern bloß damit, was man *wissen* kann. Sollte nun dieses auch etwas ganz Anderes sein, als was man zu glauben hat; so wäre selbst für den Glauben dies kein Nachtheil: denn dafür ist er Glaube, daß er lehrt, was man nicht wissen kann. Könnte man es wissen; so würde der Glaube als unnütz und lächerlich dastehn; etwan wie wenn hinsichtlich der Mathematik eine Glaubenslehre aufgestellt würde. Hiegegen ließe sich nun aber einwenden, daß zwar der Glaube immerhin mehr, und viel mehr, als die Philosophie lehren könnte; jedoch nichts mit den Ergebnissen dieser Unvereinbare: weil nämlich das Wissen aus einem härteren Stoff ist, als der Glaube, so daß, wenn sie gegen einander stoßen, dieser bricht. Jedenfalls sind Beide von Grund aus verschiedene Dinge, die, zu ihrem beiderseitigen Wohl, streng geschieden bleiben müssen, so daß jedes seinen Weg gehe, ohne vom andern auch nur Notiz zu nehmen.

Offenbarung+

Die ephemeren Geschlechter der Menschen entstehn und vergehn in rascher Succession, während die Individuen unter Angst, Noth und Schmerz dem Tode in die Arme tanzen. Dabei fragen sie unermüdlich, was es mit ihnen sei, und was die

* Illgens Zeitschrift für historische Theologie, 1839, erstes Heft, S. 182.

** Gall et Spurzheim, Des dispositions innées, 1811, p. 253.

ganze tragikomische Posse zu bedeuten habe, und rufen den Himmel an, um Antwort. Aber der Himmel bleibt stumm. Hingegen kommen Pfaffen und Offenbarungen. Der aber ist nur noch ein großes Kind, welcher im Ernst denken kann, daß jemals Wesen, die keine Menschen waren, unserm Geschlecht Aufschlüsse über sein und der Welt Dasein und Zweck gegeben hätten. Es giebt keine andere Offenbarung, als die Gedanken der Weisen; wenn auch diese, dem Loose alles Menschlichen gemäß, dem Irrthum unterworfen, auch oft in wunderliche Allegorien und Mythen eingekleidet sind, wo sie dann Religionen heißen. Insofern ist es also einerlei, ob einer im Verlaß auf eigene, oder auf fremde Gedanken, lebt und stirbt: denn immer sind es nur menschliche Gedanken, denen er vertraut, und menschliches Bedünken. Jedoch haben die Menschen, in der Regel, die Schwäche, lieber Andern, welche übernatürliche Quellen vorgeben, als ihrem eigenen Kopfe zu trauen. Fassen wir nun aber die so überaus große intellektuelle Ungleichheit zwischen Mensch und Mensch ins Auge; so konnten allenfalls wohl die Gedanken des Einen dem Andern gewissermaßen als Offenbarungen gelten. –

Hingegen das Grundgeheimniß und die Urlist aller Pfaffen, auf der ganzen Erde und zu allen Zeiten, mögen sie brahmanische oder mohammedanische, buddhaistische, oder christliche sein, ist Folgendes. Sie haben die große Stärke und Unvertilgbarkeit des metaphysischen Bedürfnisses des Menschen richtig erkannt und wohl gefaßt: nun geben sie vor, die Befriedigung desselben zu besitzen, indem das Wort des großen Räthsels ihnen, auf außerordentlichem Wege, direkt zugekommen wäre. Dies nun den Menschen Ein Mal eingeredet, können sie solche leiten und beherrschen, nach Herzenslust. Von den Regenten gehn daher die klügeren eine Allianz mit ihnen ein: die andern werden selbst von ihnen beherrscht. Kommt aber ein Mal, als die seltenste aller Ausnahmen, ein Philosoph auf den Thron, so entsteht die ungelegenste Störung der ganzen Komödie.

Über das Christenthum+

Um über dasselbe gerecht zu urtheilen, muß man auch betrachten, was vor ihm da war und von ihm verdrängt wurde. Zuvörderst das Griechisch-Römische Heidenthum: als Volks-Metaphysik genommen, eine höchst unbedeutende Erscheinung, ohne eigentliche, bestimmte Dogmatik, ohne entschieden ausgesprochene Ethik, ja, ohne wahre moralische Tendenz und ohne heilige Urkunden; so daß es kaum den Namen einer Religion verdient, vielmehr nur ein Spiel der Phantasie und ein Machwerk der Dichter aus Volksmärchen ist, zum besten Theil eine augenfällige Personifikation der Naturmächte. Man kann sich kaum denken, daß es mit dieser kindischen Religion jemals Männern Ernst gewesen sei: dennoch zeugen hievon manche Stellen der Alten, vorzüglich das erste Buch des Valerius Maximus, sogar aber auch gar manche Stellen im Herodot, davon ich nur die im letzten Buch Kapitel 65, erwähnen will, wo er seine eigene Meinung ausspricht und wie ein altes Weib redet. In spätern Zeiten und bei fortgeschrittener Philosophie war dieser Ernst freilich verschwunden; wodurch es dem Christenthum möglich wurde, jene Staats-Religion, trotz ihrer äußern Stützen, zu verdrängen. Daß jedoch dieselbe, sogar in der besten Griechischen Zeit, keineswegs mit dem Ernst genommen worden sei, wie in der neuern die Christliche oder in Asien die Buddhaistische, Brahmanische oder auch die Mohammedanische, daß mithin der Polytheismus der Alten etwas ganz Anderes gewesen sei, als der bloße Plural des Monotheismus, bezeugen genugsam die Frösche des Aristophanes, in denen Dionysos als der erbärmlichste Geck und Hasenfuß, der sich nur denken läßt, auftritt und dem Spotte Preis gegeben wird: und Das wurde an seinem eigenen Feste, den Dionysien, öffentlich dargestellt. – Das Zweite, was das Christenthum zu verdrängen hatte, war das Judenthum, dessen plumpes Dogma durch das christliche sublimirt und stillschweigend allegorisirt wurde. Ueberhaupt ist das Christenthum durchaus allegorischer Natur: denn was man in profanen Dingen Allegorie nennt heißt bei den Religionen Mysterium. Man muß zugeben, daß das Christenthum, nicht nur in der *Moral*, wo die Lehren von der Caritas, Versöhnlichkeit, Feindesliebe, Resignation und Verleugnung des eignen Willens ihm, – versteht sich, im Occident, – ausschließlich eigen sind, sondern selbst in der *Dogmatik*, jenen beiden frühern Religionen weit überlegen ist. Was aber läßt dem großen Haufen, welcher die Wahrheit unmittelbar zu fassen denn doch unfähig ist, sich Besseres geben, als eine schöne Allegorie, die als Leitfaden für das praktische Leben und als Anker des Trostes und der Hoffnung vollkommen ausreicht. Einer solchen aber ist eine kleine Beimischung von Absurdität ein nothwendiges Ingrediens, indem es zur Andeutung ihrer allegorischen Natur dient.

Jedoch der schlimme Punkt für alle Religionen bleibt immer, daß sie nicht eingeständlich, sondern nur versteckterweise, allegorisch sein dürfen und demnach ihre Lehren, alles Ernstes, als sensu proprio [im eigentlichen Sinne] wahr, vorzutragen haben; was bei den wesentlich erforderten Absurditäten in denselben einen fortgesetzten Trug herbeiführt und ein großer Uebelstand ist. Ja, was noch schlimmer ist, mit der Zeit kommt es an den Tag, daß sie sensu proprio nicht wahr sind: dann gehn sie zu Grunde. Insofern wäre es besser, die allegorische Natur gleich einzugestehn. Allein, wie soll man dem Volke beibringen, daß etwas zugleich wahr und nicht wahr sein könne? Da wir nun aber alle Religionen, mehr oder weniger, von solcher Beschaffenheit finden; so müssen wir anerkennen, daß dem Menschengeschlechte das Absurde, in gewissem Grade, angemessen, ja, ein Lebenselement und die Täuschung ihm unentbehrlich ist; – wie Dies auch andere Erscheinungen bestätigen.

Rohe Bigotterie

Ueberhaupt ist es an der Zeit, Missionen der Vernunft, Aufklärung und Antipfäfferei nach England zu schicken, mit v. Bohlens und Straußens Bibelkritik in der einen, und der Kritik der reinen Vernunft in der anderen Hand, um jenen, sich selbst reverend schreibenden, hochmüthigsten und frechsten aller Pfaffen der Welt das Handwerk zu legen und dem Skandal ein Ende zu machen. Indessen dürfen wir in dieser Hinsicht das Beste von den Dampfschiffen und Eisenbahnen hoffen, als welche dem Austausch der Gedanken ebenso förderlich sind, als dem der Waaren, wodurch sie der in England mit so verschmitzter Sorgfalt gepflegten, selbst die höhern Stände beherrschenden, pöbelhaften Bigotterie die größte Gefahr bereiten. Wenige nämlich lesen, aber Alle schwätzen, und dazu geben jene Anstalten die Gelegenheit und Muße. Ist es doch nicht länger zu dulden, daß jene Pfaffen die intelligenteste und in fast jeder Hinsicht erste Nation Europa's durch die roheste Bigotterie zur letzten degradiren und sie dadurch *verächtlich* machen; am wenigsten wenn man an das Mittel denkt, wodurch sie diesen Zweck erreicht haben, nämlich die Volkserziehung, die ihnen anvertraut war, so einzurichten, daß Zwei Drittel der Englischen Nation nicht lesen können. Dabei geht ihre Dummdreistigkeit so weit, daß sie sogar die ganz sichern, allgemeinen Resultate der *Geologie* in öffentlichen Blättern mit Zorn, Hohn und schalem Spott angreifen; weil sie nämlich das Mosaische Schöpfungsmärchen in ganzem Ernst geltend machen wollen, ohne zu merken, daß sie in solchen Angriffen mit dem irdenen gegen den eisernen Topf schlagen.*

* Die Engländer sind eine solche matter of fact nation [Tatsachennation], daß wenn ihnen durch neuere historische und geologische Entdeckungen (z. B. die Pyramide des Cheops 1000 Jahr älter als die Sündfluth) das Faktische und Historische des A. T. entzogen wird, ihre ganze Religion mit einstürzt in den Abgrund.

Uebrigens ist die eigentliche Quelle des skandalösen, volksbetrügenden Englischen Obskurantismus das Gesetz der Primogenitur, als welches der Aristokratie (im weitesten Sinne genommen) eine Versorgung der jüngern Söhne nothwendig macht: für diese nun ist, wenn sie weder zur Marine noch zur Armee taugen, das Churchestablishment (charakteristischer Name), mit seinen 5 Millionen Pfund Einkünften, *die Versorgungsanstalt.* Man verschafft nämlich dem Junker a living (auch sehr charakteristischer Name: eine Leberei), d. i. eine Pfarre, entweder durch Gunst oder für Geld: sehr häufig werden solche in den Zeitungen zum Verkauf, sogar zur öffentlichen Auktion* ausgeboten, wiewohl, Anstandshalber, nicht geradezu die Pfarre selbst, sondern das Recht, sie dies Mal zu vergeben (the patronage) verkauft wird. Da aber dieser Handel vor der wirklichen Vakanz derselben abgeschlossen werden muß, fügt man, als zweckmäßigen Puff z. B. hinzu, der jetzige Pfarrer sei schon 77 Jahre alt, wie man denn auch nicht verfehlt, die schöne Jagd- und Fischerei-Gelegenheit bei der Pfarre und das elegante Wohnhaus herauszustreichen. Es ist die frechste Simonie auf der Welt.

Hieraus begreift es sich, warum in der guten, will sagen vornehmen Englischen Gesellschaft, jeder Spott über die Kirche und ihren kalten Aberglauben als schlechter Ton, ja, als eine Unanständigkeit betrachtet wird, nach der Maxime quand le bon ton arrive, le bon sens se retire [wenn der gute Ton sich einstellt, zieht sich der gesunde Verstand zurück]. So groß ist eben deshalb der Einfluß der Pfaffen in England, daß, zur

* Im Galignani vom 12. Mai 1855 ist aus dem Globe angeführt, daß the Rectory of Pewsey, Wiltshire den 13. Juni 1855 öffentlich versteigert werden soll, und der Galignani vom 23. Mai 1855 aus dem Leader und seitdem öfter eine ganze Liste von Pfarren, die zur Versteigerung angezeigt sind: bei jeder das Einkommen, die lokalen Annehmlichkeiten und das Alter des jetzigen Pfarrers. Denn gerade so wie die Offizierstellen der Armee sind auch die Pfarren der Kirche käuflich: was das für Offiziere giebt, hat der Feldzug in der Krim zu Tage gebracht, und was für Pfarrer, lehrt die Erfahrung gleichfalls.

bleibenden Schande der englischen Nation, das von Thorwaldsen verfertigte Standbild Byrons, ihres, nach dem unerreichbaren Shakespeare größten Dichters, nicht hat im Nationalpantheon der Westminsterabtei zu den übrigen großen Männern aufgestellt werden dürfen; weil eben *Byron* ehrenhaft genug ist, dem anglikanischen Pfaffentrug keine Konzessionen zu machen, sondern davon unbehindert seinen Gang zu gehen, während der mediokre Poet *Wordsworth*, das häufige Ziel seines Spottes, richtig in der Westminsterkirche sein Standbild aufgestellt erhalten hat, im Jahre 1854. Die englische Nation signalisirt durch solche Niederträchtigkeit sich selbst als a stultified and priestridden nation [als eine verdummte und verpfaffte Nation]. Europa verhöhnt sie mit Recht. Jedoch wird es nicht so bleiben. Ein künftiges, weiseres Geschlecht wird Byrons Statue im Pomp nach der Westminsterkirche tragen. *Voltaire* hingegen, der hundert Mal mehr als Byron gegen die Kirche geschrieben hat, ruht glorreich im französischen Pantheon, der S. Genovevakirche, glücklich einer Nation anzugehören, die sich nicht von Pfaffen naseführen und regieren läßt. –

Dabei bleiben die demoralisirenden Wirkungen des Pfaffentruges und der Bigotterie natürlich nicht aus. Demoralisirend muß es wirken, daß die Pfaffenschaft dem Volke vorlügt, die Hälfte aller Tugenden bestehe im Sonntagsfaulenzen und im Kirchengeplärr, und eines der größten Laster, welches den Weg zu allen andern bahne, sei das Sabbathbreaking, d. h. Nichtfaulenzen am Sonntage: daher sie auch, in den Zeitungen, die zu hängenden armen Sünder sehr oft die Erklärung abgeben lassen, aus dem Sabbathbreaking, diesem gräulichen Laster, sei ihr ganzer sündiger Lebenslauf entsprungen. Eben wegen besagter Versorgungsanstalt muß noch jetzt das unglückliche Irland, dessen Bewohner zu Tausenden verhungern, neben seinem eigenen katholischen, aus eigenen Mitteln und freiwillig von ihm bezahlten

Klerus, eine nichtsthuende protestantische Klerisei, mit Erzbischof, 12 Bischöfen und einer Armee von deans und rectors erhalten, wenn auch nicht direkt auf Kosten des Volks, sondern aus dem Kirchengut.

Eigene Willenskraft

Immer ist der Mensch auf sich selbst zurückgewiesen, wie in jeder, so in der Hauptsache. Vergebens macht er sich Götter, um von ihnen zu erbetteln und zu erschmeicheln was nur die eigene Willenskraft herbeizuführen vermag.

Urdenken

Der innerste Kern jeder echten und wirklichen Erkenntniß ist eine Anschauung; auch ist jede neue Wahrheit die Ausbeute aus einer solchen. Alles Urdenken geschieht in Bildern: darum ist die Phantasie ein so nothwendiges Werkzeug derselben, und werden phantasielose Köpfe nie etwas Großes leisten, — es sei denn in der Mathematik. — Hingegen bloß abstrakte Gedanken, die keinen anschaulichen Kern haben, gleichen Wolkengebilden ohne Realität.

Rätselhaftes

Je niedriger der Mensch in intellektueller Hinsicht steht, desto weniger Räthselhaftes hat für ihn das Dasein selbst: ihm scheint vielmehr sich Alles, wie es ist, und daß es sei, von selbst zu verstehen.

Fremde Augen, fremde Ohren

Urtheilen aus eigenen Mitteln ist das Vorrecht Weniger: die Uebrigen leitet Autorität und Beispiel. Sie sehen mit fremden Augen und hören mit fremden Ohren. Daher ist es gar leicht, zu denken, wie jetzt alle Welt denkt; aber zu denken, wie alle Welt über dreißig Jahre denken wird, ist nicht Jedermanns Sache.

Gläubige und Ungläubige

Jede Religion legt ihr Dogma der jedem Menschen fühlbaren, aber deshalb noch nicht verständlichen, moralischen Treibfeder zum Grunde und verknüpft es so eng mit demselben, daß beide als unzertrennlich erscheinen: ja, die Priester sind bemüht, Unglauben und Immoralität für Eins und Dasselbe auszugeben. Hierauf beruht es, daß dem Gläubigen der Ungläubige für identisch mit dem moralisch Schlechten gilt, wie wir schon daran sehen, daß Ausdrücke, wie Gottlos, Atheistisch, Unchristlich, Ketzer u. dgl. als synonym mit moralisch schlecht gebraucht werden. Den Religionen ist die Sache dadurch leicht gemacht, daß sie, vom *Glauben* ausgehend, diesen für ihr Dogma schlechthin, ja, unter Drohungen fordern dürfen.

Schuld der Wahrheit

In allen Jahrhunderten hat die arme Wahrheit darüber erröthen müssen, daß sie paradox war: und es ist doch nicht ihre Schuld. Sie kann nicht die Gestalt des thronenden allgemeinen Irrthums annehmen. Da sieht sie seufzend auf zu ihrem Schutzgott, der Zeit, welcher ihr Sieg und Ruhm zuwinkt, aber dessen Flügelschläge so groß und langsam sind, daß das Individuum darüber hinstirbt.

Zwischen Luxus und Geistesbildung

Denn daß das Gehirn ein bloßer Arbeiter im Dienste des Bauches sei, ist freilich das gemeinsame Loos fast aller Derer, die nicht von der Arbeit *ihrer Hände* leben, und sie wissen sich recht gut darin zu finden. Aber für die großen Köpfe, d. h. für Die, deren cerebrale Kräfte über das zum Dienste des Willens erforderliche Maß hinausgehn, ist es eine Sache zum verzweifeln. Daher wird ein Solcher es vorziehn, nöthigenfalls in der beschränktesten Lage zu leben, wenn sie ihm den freien Gebrauch seiner Zeit zur Entwicklung und Anwendung seiner Kräfte, also die für ihn unschätzbare Muße, gewährt. Anders freilich steht es mit den gewöhnlichen Leuten, deren Muße ohne objektiven Werth, sogar für sie nicht ohne Gefahr ist: sie scheinen Dies zu fühlen. Denn die zu beispielloser Höhe gestiegene Technik unsrer Zeit giebt, indem sie die Gegenstände des Luxus vervielfältigt und vermehrt, den vom Glücke Begünstigteren die Wahl zwischen mehr Muße und Geistesbildung einerseits und mehr Luxus und Wohlleben bei angestrengter Thätigkeit, andrerseits: sie wählen, charakteristisch, in der Regel das Letztere, und ziehn den Champagner der Muße vor.

Dies ist auch konsequent: denn ihnen ist jede Geistesanstrengung, die nicht den Zwecken des Willens dient, eine Thorheit, und die Neigung dazu nennen sie Excentricität. Danach wäre das Beharren bei den Zwecken des Willens und Bauches die Koncentricität: auch ist allerdings der Wille das Centrum, ja, und der Kern der Welt.

Im Ganzen jedoch sind dergleichen Alternativen kein gar häufiger Fall. Denn, wie die meisten Menschen einerseits keinen Ueberfluß am Gelde haben, sondern knapp das Nothdürftige; so auch andererseits nicht am Verstand. Sie haben dessen knapp so viel, wie zum Dienste ihres Willens, d. h. zur Betreibung ihres Erwerbs, ausreicht. Dies gethan, sind sie froh, maulaffen zu dürfen, oder sich an sinnlichen Genüssen, auch wohl an kindischen Spielen zu ergötzen, an Karten, an Würfeln, oder auch sie führen mit einander die plattesten Diskurse, oder sie putzen sich heraus und machen dann einander Bücklinge. Schon Derer, die einen ganz kleinen Ueberfluß intellektueller Kräfte haben, sind Wenige. Wie nun Die, welche einen kleinen Ueberschuß am Gelde haben, sich ein Plaisir machen; so machen auch diese sich ein intellektuelles Plaisir. Sie betreiben irgend ein liberales Studium, das nichts abwirft, oder eine Kunst, und sind überhaupt schon eines *objektiven* Interesses in irgend einer Art fähig; daher man auch ein Mal mit ihnen konversiren kann. Mit den Andern hingegen ist es besser, sich nicht einzulassen; denn mit Ausnahme der Fälle, wo sie gemachte Erfahrungen erzählen, aus ihrem Fache etwas berichten, oder allenfalls etwas von einem Andern Gelerntes beibringen, wird was sie sagen nicht des Anhörens werth sein; was man aber ihnen sagt werden sie selten recht verstehen und fassen, auch wird es meistens ihren Ansichten zuwiderlaufen.

Indessen wollen wir überall uns hüten, ungerecht zu werden. Wie mich oft die Klugheit und bisweilen wieder die Dummheit meines Hundes in Erstaunen gesetzt hat; nicht anders ist es mir mit dem Menschengeschlechte gegangen. Unzählige Male hat mich die Unfähigkeit, gänzliche Urtheilslosigkeit und Bestialität desselben in Entrüstung versetzt und habe ich in den alten Stoßseufzer

Humani generis mater nutrixque profecto
Stultitia est,
[Mutter und Amme fürwahr des Menschengeschlechts
ist die Torheit],

einstimmen müssen. Allein zu andern Zeiten wieder bin ich darüber erstaunt, wie bei einem solchem Geschlechte vielerlei nützliche und schöne Künste und Wissenschaften, wenn auch stets von den Einzelnen, den Ausnahmen, ausgegangen, doch haben entstehn, Wurzel fassen, sich erhalten und vervollkommnen können, und wie dies Geschlecht, mit Treue und Ausdauer, die Werke großer Geister, den Homer, den Platon, den Horaz u. s. w., zwei bis drei Jahrtausende hindurch, mittelst Abschreiben und Aufbewahren sich erhalten und vor dem Untergang geschützt hat, unter allen Plagen und Gräueln seiner Geschichte: wodurch es bewiesen hat, daß es den Werth derselben erkannte; imgleichen über specielle, einzelne Leistungen, mitunter auch über Züge von Geist, oder Urtheil, wie durch Inspiration, bei Solchen, die übrigens zum großen Haufen gehören, ja, bisweilen sogar bei diesem selbst, wann er, wie meistens, sobald nur sein Chorus groß und vollständig geworden, sehr richtig urtheilt: wie der Zusammenklang auch ungeschulter Stimmen, wenn nur ihrer sehr viele sind, stets harmonisch ausfällt.

Fortschreitende Erkenntnis

Wie das Gehirn als ein Parasit, der vom Organismus genährt wird, ohne direkt zu dessen innerer Oekonomie beizutragen, da oben, in seiner festen, wohl verwahrten Behausung ein selbständiges Leben führt; so führt der geistig hochbegabte Mensch außer dem Allen gemeinsamen, individuellen Leben, noch ein zweites, rein intellektuelles, welches in der steten Zunahme, Berichtigung und Vermehrung nicht des bloßen Wissens, sondern der zusammenhängenden eigentlichen Erkenntniß und Einsicht besteht und unberührt bleibt vom Schicksale der Person, sofern es nicht etwan von diesem in seinem Treiben gestört wird, daher auch es den Menschen über dasselbe und seinen Wechsel erhebt und hinaussetzt. Es besteht in einem steten Denken, Lernen, Versuchen und Ueben, und wird allmälig zur Hauptexistenz, der die persönliche sich als bloßes Mittel zum Zweck unterordnet. Ein Beispiel der Unabhängigkeit und Absonderung dieses intellektuellen Lebens giebt uns Goethe wann er, mitten im Feldgetümmel des Champagnekrieges, Phänomene zur Farbenlehre beobachtet und, sobald ihm, unter dem grenzenlosen Elend jenes Feldzuges, eine kurze Rast, in der Festung Luxemburg, gegönnt ist, sogleich die Hefte seiner Farbenlehre vornimmt. So hat er denn uns ein Vorbild hinterlassen, dem wir sollen nachfolgen, die wir das Salz der Erde sind, indem wir allezeit unserm intellektuellen Leben ungestört obliegen, wie immer auch das persönliche vom Sturm der Welt ergriffen und erschüttert werden möge, stets eingedenk, daß wir nicht der Magd Söhne sind, sondern der Freien. Als unser Emblem und Familienwappen schlage ich vor einen vom Sturm heftig bewegten Baum, der dabei dennoch seine rothen Früchte auf allen Zweigen zeigt, mit der Umschrift: dum convellor mitescunt [während ich gezaust werde, reifen sie]; oder auch conquassata, sed ferax [geschüttelt, aber fruchtbar].

Jenem rein intellektuellen Leben des Einzelnen entspricht ein eben solches des Ganzen der Menschheit, deren *reales* Leben ja ebenfalls im *Willen* liegt, sowohl seiner empirischen, als seiner transscendenten Bedeutung nach. Dieses rein intellektuelle Leben der Menschheit besteht in ihrer fortschreitenden Erkenntniß mittelst der Wissenschaften, und in der Vervollkommnung der Künste, welche Beide, Menschenalter und Jahrhunderte hindurch, sich langsam fortsetzen, und zu denen ihren Beitrag liefernd, die einzelnen Geschlechter vorübereilen. Dieses intellektuelle Leben schwebt, wie eine ätherische Zugabe, ein sich aus der Gährung entwickelnder wohlriechender Duft über dem weltlichen Treiben, dem eigentlich realen, vom *Willen* geführten Leben der Völker, und neben der Weltgeschichte geht schuldlos und nicht blutbefleckt die Geschichte der Philosophie, der Wissenschaft und der Künste.

Geschichte als Kaleidoskop

Sie ist stets ein Lieblingsstudium Derer gewesen, die gern etwas lernen wollten, ohne die Anstrengung zu übernehmen, welche die eigentlichen, den Verstand in Anspruch nehmenden Wissenschaften erfordern. Mehr als jemals aber ist sie zu unserer Zeit beliebt; wie die zahllosen, jährlich erscheinenden Geschichtsbücher beweisen. Wer, wie ich, nicht umhin kann, in aller Geschichte stets das Selbe zu erblicken, wie im Kaleidoskop, bei jeder Drehung, stets dieselben Dinge unter andern Konfigurationen, der kann jenen leidenschaftlichen Antheil nicht hegen, wird ihn jedoch nicht tadeln.

Das Menschenleben ist so kurz und flüchtig und auf so zahllose Millionen von Individuen vertheilt, welche schaarenweise in den stets weit geöffneten Rachen des sie erwartenden Ungeheuers, der Vergessenheit, stürzen, daß es ein sehr dankenswerthes Bestreben ist, doch etwas davon, das Andenken des Wichtigsten und Interessantesten, die Hauptbegebenheiten und Hauptpersonen aus dem allgemeinen Schiffbruch der Welt zu retten.

Andererseits könnte man die Geschichte auch ansehn als eine Fortsetzung der Zoologie; insofern bei den sämmtlichen

Thieren die Betrachtung der Species ausreicht, beim Menschen jedoch, weil er Individualcharakter hat, auch die Individuen, nebst den individuellen Begebenheiten, als Bedingung dazu, kennen zu lernen sind. Hieraus folgt sogleich die wesentliche Unvollkommenheit der Geschichte; da die Individuen und Begebenheiten zahl- und endlos sind. Beim Studium derselben ist durch Alles, was man davon erlernt hat, die Summe des noch zu Erlernenden durchaus nicht vermindert. Bei allen eigentlichen Wissenschaften ist eine Vollständigkeit des Wissens doch wenigstens abzusehen. – Wenn die Geschichte China's und Indiens uns offen stehen wird, wird die Unendlichkeit des Stoffs das Verfehlte des Weges offenbaren und die Wißbegierigen zwingen einzusehn, daß man in Einem das Viele, im Fall die Regel, in der Kenntniß der Menschheit das Treiben der Völker erkennen muß, nicht aber Thatsachen aufzählen in's Unendliche.

Die Geschichte, von einem Ende zum andern, erzählt von lauter Kriegen, und das selbe Thema ist der Gegenstand aller ältesten Bildwerke, wie auch der neuesten. Der Ursprung alles *Krieges* aber ist *Diebsgelüst;* daher *Voltaire* mit Recht sagt: dans toutes les guerres il ne s'agit que de voler. [In allen Kriegen geht es nur darum zu stehlen.] Sobald nämlich ein Volk einen *Ueberschuß von Kräften* spürt, fällt es über den Nachbarn her, um statt von seiner eigenen Arbeit zu leben, den Ertrag der ihrigen, sei es bloß den jetzt vorhandenen, oder auch dazu noch den künftigen, indem es sie unterjocht, sich anzueignen. Das giebt den Stoff zur Weltgeschichte und ihren Heldenthaten. Besonders sollte in französischen Diktionären unter gloire zuerst der artistische und litterarische Ruhm abgehandelt werden, und dann bei gloire militaire bloß stehn: voyez butin [siehe Beute].

Zu den oben angegebenen, wesentlichen Unvollkommenheiten der Geschichte kommt noch, daß die Geschichtsmuse Klio mit der Lüge so durch und durch inficirt ist, wie eine

Gassenhure mit der Syphilis. Die neue, kritische Geschichtsforschung müht sich zwar ab, sie zu kuriren, bewältigt aber mit ihren lokalen Mitteln bloß einzelne, hie und da ausbrechende Symptome; wobei noch dazu manche Quacksalberei mit unterläuft, die das Uebel verschlimmert.

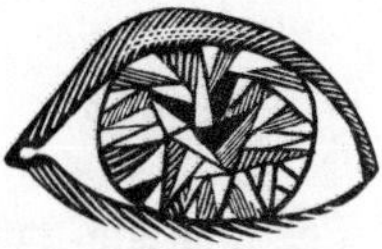

Wissen

Das, *was man weiß,* hat doppelten Werth, wenn man zugleich Das, was man *nicht weiß,* nicht zu wissen eingesteht.

Eigene Betrachtung der Dinge

Weder unsere Kenntnisse, noch unsere Einsichten werden jemals durch Vergleichen und Diskutiren des von Andern Gesagten sonderlich vermehrt werden: denn das ist immer nur, wie wenn man Wasser aus einem Gefäß in ein anderes gießt. Nur durch eigene Betrachtung der Dinge selbst kann Einsicht und Kenntniß wirklich bereichert werden: denn sie allein ist die stets bereite und stets nahe liegende lebendige Quelle.

Vorurteil

Was der Auffindung der Wahrheit am meisten entgegensteht ist nicht der aus den Dingen hervorgehende und zum Irrthum verleitende falsche Schein, noch auch unmittelbar die Schwäche des Verstandes; sondern es ist die vorgefaßte Meinung, das Vorurtheil, welches, als ein After-a priori, der Wahrheit sich entgegenstellt und dann einem widrigen Winde gleicht, der das Schiff von der Richtung, in der allein das Land liegt, zurücktreibt; so daß jetzt Steuer und Segel vergeblich thätig sind.

Toleranz

Um uns gegen fremde, der unsrigen entgegengesetzte Ansichten tolerant und beim Widerspruch geduldig zu machen, ist vielleicht nichts wirksamer, als die Erinnerung, wie häufig wir selbst, über den selben Gegenstand, successiv ganz entgegengesetzte Meinungen gehegt und solche, bisweilen sogar in sehr kurzer Zeit, wiederholt gewechselt, bald die eine Meinung, bald wieder ihr Gegentheil, verworfen und wieder aufgenommen haben; je nachdem der Gegenstand bald in diesem, bald in jenem Lichte sich uns darstellte.

Desgleichen ist, um unserm Widerspruche gegen die Meinung eines Andern bei diesem Eingang zu verschaffen, nichts geeigneter, als die Rede: „das Selbe habe ich früher auch gemeint; aber“ u. s. w.

Andere Meinung

Die Leute hingegen, wie sie in der Regel sind, nehmen es schon übel, wenn man nicht ihrer Meinung ist: dann sollten sie aber auch ihre Meinungen danach einrichten, daß man denselben beitreten könnte.

Irrtümer

Es ist ganz natürlich, daß wir gegen jede neue Ansicht, über deren Gegenstand wir irgend ein Urtheil uns schon festgestellt haben, uns abwehrend und verneinend verhalten. Denn sie dringt feindlich in das vorläufig abgeschlossene System unserer Ueberzeugungen, erschüttert die dadurch erlangte Beruhigung, muthet uns neue Bemühungen zu und erklärt alte für verloren. Demgemäß ist eine uns von Irrthümern zurückbringende Wahrheit einer Arznei zu vergleichen, sowohl durch ihren bittern und widerlichen Geschmack, als auch dadurch, daß sie nicht im Augenblick des Einnehmens, sondern erst nach einiger Zeit ihre Wirkung äußert.

Sehn wir also schon das Individuum hartnäckig im Festhalten seiner Irrthümer; so ist es die Masse und Menge der Menschen noch viel mehr: an ihren ein Mal gefaßten Meinungen können Erfahrung und Belehrung sich Jahrhunderte lang vergeblich abarbeiten.

Leuchttürme der Menschheit

Ein Gelehrter ist, wer viel gelernt hat; ein Genie Der, von dem die Menschheit lernt, was er von Keinem gelernt hat. – Daher sind die großen Geister, von denen auf hundert Millionen Menschen kaum Einer kommt, die Leuchtthürme der Menschheit, ohne welche diese sich in das grenzenlose Meer der entsetzlichsten Irrthümer und der Verwilderung verlieren würde.

Mathematiker als Denker

Daß die niedrigste aller Geistesthätigkeiten die arithmetische sei, wird dadurch belegt, daß sie die einzige ist, welche auch durch eine Maschine ausgeführt werden kann, wie denn jetzt in England dergleichen Rechenmaschinen bequemlichkeitshalber schon in häufigem Gebrauche sind. – Nun läuft alle analysis finitorum et infinitorum [Untersuchung des Begrenzten und des Unbegrenzten] im Grunde doch auf Rechnerei zurück. Demnach bemesse man den „mathematischen Tiefsinn", über welchen schon Lichtenberg sich lustig macht, indem er sagt: „Es ist mit der Mathematik, wie mit der Theologie. So wie die der letzteren Beflissenen, zumal wenn sie in Aemtern stehen, Anspruch auf einen besonderen Credit von Heiligkeit und eine nähere Verwandtschaft mit Gott machen, obgleich sehr viele darunter wahre Taugenichtse sind, so verlangt sehr oft der sogenannte Mathematiker für einen tiefen Denker gehalten zu werden, ob es gleich darunter die größten Plunderköpfe giebt, die man nur finden kann, untauglich zu irgend einem Geschäft, das Nachdenken erfordert, wenn es nicht unmittelbar durch jene leichte Verbindung von Zeichen geschehen kann, die mehr das Werk der Routine, als des Denkens sind."

Gute Gedanken

Gute, ernste Gedanken, über würdige Gegenstände lassen sich jedoch nicht zu jeder Zeit willkürlich heraufbeschwören: Alles was wir thun können ist, ihnen den Weg frei zu halten, durch Verscheuchung aller futilen, läppischen, oder gemeinen Ruminationen und Abwendung von allen Flausen und Possen. Man kann daher sagen, daß, um etwas Gescheutes zu denken, das nächste Mittel sei, nichts Abgeschmacktes zu denken. Man lasse den guten Gedanken nur den Plan frei: sie werden kommen. Ebendeshalb soll man auch nicht, in jedem unbeschäftigten Augenblick, sogleich nach einem Buche greifen, sondern lasse es doch ein Mal stille werden im Kopf; dann kann sich leicht etwas Gutes darin erheben.

Sehr richtig ist die von *Riemern*, in seinem Buche über Goethe, gemachte Bemerkung, daß die eigenen Gedanken fast nur im Gehn oder Stehn, höchst selten im Sitzen kommen. Weil nun also überhaupt der Eintritt lebhafter, eindringender, werthvoller Gedanken mehr die Folge günstiger, *innerer*, als äußerer Bedingungen ist; so ist hieraus erklärlich, daß von dergleichen Gedanken meistens mehrere, ganz verschiedene Gegenstände betreffende, sich schnell hintereinander, oft sogar beinahe zugleich einstellen, in welchem Falle sie sich kreuzen und beeinträchtigen, wie die Krystalle einer Druse, ja, es uns gehen kann, wie Dem, der zwei Hasen zugleich verfolgt.

Viertes Kapitel

Das papierne Gedächtnis

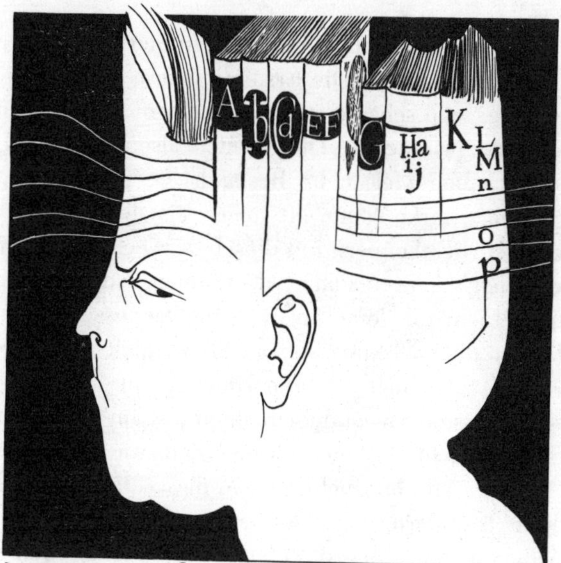

Xerxes hat, nach Herodot, beim Anblick seines unübersehbaren Heeres geweint, indem er bedachte, daß von diesen Allen nach hundert Jahren, Keiner mehr am Leben sein würde: wer möchte da nicht weinen, beim Anblick des dicken Meßkatalogs, wenn er bedenkt, daß von allen diesen Büchern, schon nach zehn Jahren, keines mehr am Leben sein wird.

Schriftsteller

Die Schriftsteller kann man eintheilen in Sternschnuppen, Planeten und Fixsterne. – Die Ersteren liefern die momentanen Knalleffekte: man schauet auf, ruft „siehe da!“ und auf immer sind sie verschwunden. – Die Zweiten, also die Irr- und Wandersterne, haben viel mehr Bestand. Sie glänzen, wiewohl bloß vermöge ihrer Nähe, oft heller, als die Fixsterne, und werden von Nichtkennern mit diesen verwechselt. Inzwischen müssen auch sie ihren Platz bald räumen, haben zudem nur geborgtes Licht und eine auf ihre Bahngenossen (Zeitgenossen) beschränkte Wirkungssphäre. Sie wandeln und wechseln: ein Umlauf von einigen Jahren Dauer ist ihre Sache. – Die Dritten allein sind unwandelbar, stehn fest am Firmament, haben eigenes Licht, wirken zu Einer Zeit, wie zur andern, indem sie ihr Ansehn nicht durch die Veränderung unsers Standpunkts ändern, da sie keine Parallaxe haben. Sie gehören nicht, wie jene Andern, *einem* Systeme (Nation) allein an; sondern der Welt. Aber eben wegen der Höhe ihrer Stelle, braucht ihr Licht meistens viele Jahre, ehe es dem Erdbewohner sichtbar wird.

Klingklang oder Nutzen der Kunst

Die Werke der Dichter, Bildner und darstellenden Künstler überhaupt enthalten anerkanntermaßen einen Schatz tiefer Weisheit: eben weil aus ihnen die Weisheit der Natur der Dinge selbst redet, deren Aussagen sie bloß durch Verdeutlichung und reinere Wiederholung verdolmetschen. Deshalb muß aber freilich auch Jeder, der das Gedicht liest, oder das

Kunstwerk betrachtet, aus eigenen Mitteln beitragen, jene Weisheit zu Tage zu fördern: folglich faßt er nur so viel davon, als seine Fähigkeit und seine Bildung zuläßt; wie ins tiefe Meer jeder Schiffer sein Senkblei so tief hinabläßt, als dessen Länge reicht. Vor ein Bild hat Jeder sich hinzustellen, wie vor einen Fürsten, abwartend, ob und was er zu ihm sprechen werde; und wie jenen, auch dieses nicht selbst anzureden: denn da würde er nur sich selbst vernehmen. –

Die oben zum Genuß eines Kunstwerkes verlangte Mitwirkung des Beschauers beruht zum Theil darauf, daß jedes Kunstwerk nur durch das Medium der Phantasie wirken kann, daher es diese anregen muß und sie nie aus dem Spiel gelassen werden und unthätig bleiben darf. Dies ist eine Bedingung der ästhetischen Wirkung und daher ein Grundgesetz aller schönen Künste. Aus demselben aber folgt, daß, durch das Kunstwerk, nicht Alles geradezu den Sinnen gegeben werden darf, vielmehr nur so viel, als erfordert ist, die Phantasie auf den rechten Weg zu leiten: ihr muß immer noch etwas und zwar das Letzte zu thun übrig bleiben. Muß doch sogar der Schriftsteller stets dem Leser noch etwas zu denken übrig lassen; da *Voltaire* sehr richtig gesagt hat:

Le secret d'être ennuyeux, c'est de tout dire. [Die Kunst, langweilig zu sein, besteht darin, daß man alles sagt.]

In der Kunst aber ist überdies das Allerbeste zu geistig, um geradezu den Sinnen gegeben zu werden: es muß in der Phantasie des Beschauers geboren, wiewohl durch das Kunstwerk erzeugt werden. Hierauf beruht es, daß die Skizzen großer Meister oft mehr wirken, als ihre ausgemalten Bilder; wozu freilich noch der andere Vortheil beiträgt, daß sie, aus *einem* Guß, im Augenblick der Konception vollendet sind; während das ausgeführte Gemälde, da die Begeisterung doch nicht bis zu seiner Vollendung anhalten kann, nur unter fortgesetzter Bemühung, mittelst kluger Ueberlegung und beharrlicher Absichtlichkeit zu Stande kommt. –

Aus dem in Rede stehenden ästhetischen Grundgesetze wird ferner auch erklärlich, warum *Wachsfiguren*, obgleich gerade in ihnen die Nachahmung der Natur den höchsten Grad erreichen kann, nie eine ästhetische Wirkung hervorbringen und daher nicht eigentliche Werke der schönen Kunst sind. Denn sie lassen der Phantasie nichts zu thun übrig. Die Skulptur nämlich giebt die bloße Form, ohne die Farbe; die Malerei giebt die Farbe, aber den bloßen Schein der Form: Beide also wenden sich an die Phantasie des Beschauers. Die Wachsfigur hingegen giebt Alles, Form und Farbe zugleich; woraus der Schein der Wirklichkeit entsteht und die Phantasie aus dem Spiele bleibt. – Dagegen wendet die *Poesie* sich sogar allein an die Phantasie, welche sie mittelst bloßer Worte in Thätigkeit versetzt. –

Ein willkürliches Spielen mit den Mitteln der Kunst, ohne eigentliche Kenntniß des Zweckes, ist, in jeder, der Grundcharakter der Pfuscherei. Ein solches zeigt sich in den nichts tragenden Stützen, den zwecklosen Voluten, Bauschungen und Vorsprüngen schlechter Architektur, in den nichtssagenden Läufen und Figuren, nebst dem zwecklosen Lärm schlechter Musik, im Klingklang der Reime sinnarmer Gedichte, u. s. w. –

Kritik

Kritiker giebt es, deren Jeder vermeint, bei ihm stände es, was gut und was schlecht sein solle; indem er seine Kindertrompete für die Posaune der Fama hält. – Wie eine Arznei nicht ihren Zweck erwirkt, wann die Dosis zu stark gewesen; eben so ist es mit *Strafreden* und *Kritiken*, wenn sie das Maß der Gerechtigkeit überschreiten.

Dichter – Spiegel der Menschheit

Die Darstellung der Idee der Menschheit, welche dem Dichter obliegt, kann er nun entweder so ausführen, daß der Dargestellte zugleich auch der Darstellende ist: dieses geschieht in der lyrischen Poesie, im eigentlichen Liede, wo der Dichtende nur seinen eigenen Zustand lebhaft anschaut und beschreibt, wobei daher, durch den Gegenstand, dieser Gattung eine gewisse Subjektivität wesentlich ist; – oder aber der Darzustellende ist vom Darstellenden ganz verschieden, wie in allen anderen Gattungen, wo mehr oder weniger der Darstellende hinter dem Dargestellten sich verbirgt und zuletzt ganz verschwindet.

In der Romanze drückt der Darstellende seinen eigenen Zustand noch durch Ton und Haltung des Ganzen in etwas aus: viel objektiver als das Lied hat sie daher noch etwas Subjektives, dieses verschwindet schon mehr im Idyll, noch viel mehr im Roman, fast ganz im eigentlichen Epos, und bis auf die letzte Spur endlich im Drama, welches die objektiveste und in mehr als einer Hinsicht vollkommenste, auch schwierigste Gattung der Poesie ist.

Die lyrische Gattung ist ebendeshalb die leichteste, und wenn die Kunst sonst nur dem so seltenen echten Genius angehört, so kann selbst der im Ganzen nicht sehr eminente Mensch, wenn in der That, durch starke Anregung von Außen, irgend eine Begeisterung seine Geisteskräfte erhöht, ein schönes Lied zu Stande bringen: denn es bedarf dazu nur einer lebhaften Anschauung seines eigenen Zustandes im aufgeregten Moment. Dies beweisen viele einzelne Lieder übrigens unbekannt gebliebener Individuen, besonders die Deutschen Volkslieder, von denen wir im „Wunderhorn" eine treffliche Sammlung haben, und eben so unzählige Liebes- und andere Lieder des Volkes in allen Sprachen. Denn die Stimmung des Augenblickes zu ergreifen und im Liede zu verkörpern ist die ganze Leistung dieser poetischen Gattung. Dennoch bildet in der lyrischen Poesie echter Dichter sich das Innere der ganzen Menschheit ab, und Alles, was Millionen gewesener, seiender, künftiger Menschen, in den selben, weil stets wiederkehrenden, Lagen, empfunden haben und empfinden werden, findet darin seinen entsprechenden Ausdruck.

Weil jene Lagen, durch die beständige Wiederkehr, eben wie die Menschen selbst, als bleibende dastehen und stets die selben Empfindungen hervorrufen, bleiben die lyrischen Produkte echter Dichter Jahrtausende hindurch richtig, wirksam und frisch. Ist doch überhaupt der Dichter der allgemeine Mensch: Alles, was irgend eines Menschen Herz bewegt hat, und was die menschliche Natur, in irgend einer Lage, aus sich hervortreibt, was irgendwo in einer Menschenbrust wohnt und brütet, – ist sein Thema und sein Stoff: wie daneben auch die ganze übrige Natur. Daher kann der Dichter so gut die Wollust, wie die Mystik besingen, Anakreon, oder Angelus Silesius sein, Tragödien, oder Komödien schreiben, die erhabene, oder die gemeine Gesinnung darstellen, – nach Laune und Beruf.

Demnach darf Niemand dem Dichter vorschreiben, daß er edel und erhaben, moralisch, fromm, christlich, oder Dies oder Das sein soll, noch weniger ihm vorwerfen, daß er Dies und nicht Jenes sei. Er ist der Spiegel der Menschheit, und bringt ihr was sie fühlt und treibt zum Bewußtsein.

Die Augen des Künstlers

Der Künstler läßt uns durch seine Augen in die Welt blicken. Daß er diese Augen hat, daß er das Wesentliche, außer allen Relationen liegende der Dinge erkennt, ist eben die Gabe des Genius, das Angeborene; daß er aber im Stande ist, auch uns diese Gabe zu leihen, uns seine Augen aufzusetzen: dies ist das Erworbene, das Technische der Kunst.

Jammer der Literatur

Zuvörderst giebt es zweierlei Schriftsteller: solche, die der Sache wegen, und solche, die des Schreibens wegen schreiben. Jene haben Gedanken gehabt, oder Erfahrungen gemacht, die ihnen mittheilenswerth scheinen; Diese brauchen Geld, und deshalb schreiben sie, für Geld. Sie denken zum Behuf des Schreibens. Man erkennt sie daran, daß sie ihre Gedanken möglichst lang ausspinnen und auch halbwahre, schiefe, forcirte und schwankende Gedanken ausführen, auch meistens das Helldunkel lieben, um zu scheinen was sie nicht sind; weshalb ihrem Schreiben Bestimmtheit und volle Deutlichkeit abgeht. Man kann daher bald merken, daß sie um Papier zu füllen schreiben: bei unsern besten Schriftstellern kann man es mitunter: z. B. stellenweise in Lessings Dramaturgie und sogar in manchen Romanen Jean Paul's. Sobald man es merkt, soll man das Buch wegwerfen: denn die Zeit ist edel. Im Grunde aber betrügt der Autor den Leser, sobald er schreibt, um Papier zu füllen: denn sein Vorgeben ist, zu schreiben, weil er etwas mitzutheilen hat. –

Honorar und Verbot des Nachdrucks sind im Grunde der Verderb der Litteratur. Schreibenswerthes schreibt nur wer ganz allein der Sache wegen schreibt. Welch ein unschätzbarer Gewinn würde es sein, wenn, in allen Fächern einer Litteratur, nur wenige, aber vortreffliche Bücher existirten. Dahin aber kann es nie kommen, so lange Honorar zu verdienen ist. Denn es ist, als ob ein Fluch auf dem Gelde läge: jeder Schriftsteller wird schlecht, sobald er irgend des Gewinnes wegen schreibt. Die vortrefflichsten Werke der großen Männer sind alle aus der Zeit, als sie noch umsonst, oder für ein sehr geringes Honorar schreiben mußten. Also auch hier bewährt sich das Spanische Sprichwort: honra y provechono caben en un saco [Ehre und Geld gehn nicht in den selben Sack]. – Der ganze Jammer der heutigen Litteratur in und außer Deutschland hat zur Wurzel das Geldverdienen durch Bücherschreiben. Jeder, der Geld braucht, setzt sich hin und schreibt ein Buch, und das Publikum ist so dumm, es zu kaufen. Die sekundäre Folge davon ist der Verderb der Sprache. Eine große Menge schlechter Schriftsteller lebt allein von der Narrheit des Publikums, nichts lesen zu wollen, als was heute gedruckt ist: — die Journalisten. Treffend benannt! Verdeutscht würde es heißen „Tagelöhner".

Das papierne Gedächtnis

Von dem menschlichen Wissen überhaupt, in jeder Art, existirt der allergrößte Theil stets nur auf dem Papier, in den Büchern, diesem papiernen Gedächtniß der Menschheit. Nur ein kleiner Theil desselben ist, in jedem gegebenen Zeitpunkt, in irgendwelchen Köpfen wirklich lebendig. Dies entspringt besonders aus der Kürze und Ungewißheit des Lebens, zudem aus der Trägheit und Genußsucht der Menschen. Das jedesmalige schnell vorübereilende Geschlecht erreicht vom menschlichen Wissen was es gerade braucht. Es stirbt bald aus. Die meisten Gelehrten sind sehr oberflächlich. Nun folgt ein neues hoffnungsvolles Geschlecht, welches von nichts weiß, sondern Alles von Anfang an zu lernen hat; davon nimmt es wieder, so viel es auffassen oder auf seiner kurzen Reise gebrauchen kann, und geht ebenfalls ab. Wie schlecht würde es also um das menschliche Wissen stehn, wenn Schrift und Druck nicht wären. Daher sind die Bibliotheken allein das sichere und bleibende Gedächtniß des menschlichen Geschlechts, dessen einzelne Mitglieder alle nur ein sehr beschränktes und unvollkommenes haben. Daher lassen die meisten Gelehrten so ungern ihre Kenntnisse examiniren, wie die Kaufleute ihre Handlungsbücher.

Das menschliche Wissen ist nach allen Seiten unabsehbar

und von Dem, was überhaupt wissenswerth wäre, kann kein Einzelner auch nur den tausendsten Theil wissen.

Demgemäß haben die Wissenschaften eine solche Breite der Ausdehnung erlangt, daß wer etwas „darin leisten" will nur ein ganz specielles Fach betreiben darf, unbekümmert um alles Andere. Alsdann wird er zwar in seinem Fache über dem Vulgus stehn, in allem Uebrigen jedoch zu demselben gehören. Kommt nun noch, wie heut zu Tage immer häufiger wird, die Vernachlässigung der alten Sprachen, welche halb zu lernen nichts hilft, hinzu, wodurch die allgemeine Humanitätsbildung wegfällt; so werden wir Gelehrte sehn, die außerhalb ihres speciellen Faches wahre Ochsen sind. –

Ueberhaupt ist so ein exklusiver Fachgelehrter dem Fabrikarbeiter analog, der, sein Leben lang, nichts Anderes macht, als eine bestimmte Schraube, oder Haken, oder Handhabe, zu einem bestimmten Werkzeuge, oder Maschine, worin er dann freilich eine unglaubliche Virtuosität erlangt. Auch kann man den Fachgelehrten mit einem Manne vergleichen, der in seinem eigenen Hause wohnt, jedoch nie herauskommt.

Zeitungen

Die Zeitungen sind der Sekundenzeiger der Geschichte. Derselbe aber ist meistens nicht nur von unedlerem Metalle, als die beiden andern, sondern geht auch selten richtig. – Die sogenannten „leitenden Artikel" darin sind der Chorus zu dem Drama der jeweiligen Begebenheiten. – Uebertreibung in jeder Art ist der Zeitungsschreiberei eben so wesentlich, wie der dramatischen Kunst: denn es gilt, aus jedem Vorfall möglichst viel machen. Daher auch sind alle Zeitungsschreiber, von Handwerks wegen, Allarmisten: dies ist ihre Art sich interessant zu machen. Sie gleichen aber dadurch den kleinen Hunden, die bei Allem, was sich irgend regt, sogleich ein lautes

Gebell erheben. Hienach hat man seine Beachtung ihrer Allarmtrompete abzumessen, damit sie Keinem die Verdauung verderbe, und soll überhaupt wissen, daß die Zeitung ein Vergrößerungsglas ist, und dies noch im besten Fall: denn gar oft ist sie ein bloßes Schattenspiel an der Wand.

Tintenkleckserei

Gegen die gewissenlose Tintenklexerei unserer Zeit und gegen die demnach immer höher steigende Sündfluth unnützer und schlechter Bücher sollten die *Litteraturzeitungen* der Damm sein, indem solche, unbestechbar, gerecht und strenge urtheilend, jedes Machwerk eines Unberufenen, jede Schreiberei, mittelst welcher der leere Kopf dem leeren Beutel zu Hülfe kommen will, folglich wohl 9/10 aller Bücher, schonungslos geißelten und dadurch pflichtgemäß dem Schreibekitzel und der Prellerei entgegenarbeiteten, statt solche dadurch zu befördern, daß ihre niederträchtige Toleranz im Bunde steht mit Autor und Verleger, um dem Publiko Zeit und Geld zu rauben.

Sprachpietät

Wer keiner neuen Gedanken fähig ist, will wenigstens neue Worte zu Markte bringen, und jeder Tintenklexer hält sich berufen, die Sprache zu verbessern. Am unverschämtesten treiben es die Zeitungsschreiber, und da ihre Blätter, vermöge der Trivialität ihres Inhalts, das allergrößte Publikum, ja ein solches haben, das größtentheils nichts Anderes liest; so droht durch sie der Sprache große Gefahr; daher ich ernstlich anrathe, sie einer orthographischen Censur zu unterwerfen, oder sie für jedes ungebräuchliche, oder verstümmelte Wort eine Strafe bezahlen zu lassen: denn was könnte unwürdiger sein, als daß Sprachumwandelungen vom allerniedrigsten Zweige der Litteratur ausgingen? Die Sprache, zumal eine relative Ursprache, wie die Deutsche, ist das köstlichste Erbtheil der Nation und dabei ein überaus komplicirtes, leicht zu verderbendes und nicht wieder herzustellendes Kunstwerk, daher ein noli me tangere [Rühr mich nicht an]. Andere Völker haben dies gefühlt und haben gegen ihre, obwohl unvollkommeneren Sprachen große Pietät bewiesen: daher ist Dante's und Petrarca's Sprache nur in Kleinigkeiten von der heutigen verschieden, Montaigne noch ganz lesbar, und so auch Shakespeare in seinen ältesten Ausgaben. – Dem Deutschen ist es sogar gut, etwas lange Worte im Munde zu haben: denn er denkt langsam und sie geben ihm Zeit zum besinnen.

Gutes Lesen!

Es wäre gut Bücher kaufen, wenn man die Zeit, sie zu lesen, mitkaufen könnte, aber man verwechselt meistens den Ankauf der Bücher mit dem Aneignen ihres Inhaltes. –

Zu verlangen, daß Einer Alles, was er je gelesen, behalten haben sollte, ist wie verlangen, daß er Alles, was er je gegessen hat, noch in sich trage. Er hat von Diesem leiblich, von Jenem geistig gelebt und ist dadurch geworden was er ist. Wie aber der Leib das ihm Homogene assimilirt; so wird Jeder *behalten*, was ihn *interessirt*, d. h. was in sein Gedankensystem oder zu seinen Zwecken paßt. Letztere hat freilich Jeder; aber etwas einem Gedankensystem Aehnliches haben gar Wenige. Daher nehmen sie an nichts objektives Interesse, und dieserhalb wieder setzt sich von ihrer Lektüre nichts bei ihnen an: sie behalten nichts davon. –

Um das Gute zu lesen, ist eine Bedingung, daß man das Schlechte nicht lese: denn das Leben ist kurz, Zeit und Kräfte beschränkt. –

Das Wort

Das Wort des Menschen ist das dauerhafteste Material. Hat ein Dichter seine flüchtigste Empfindung in ihr richtig angepaßten Worten verkörpert: so lebt sie, in diesen, Jahrtausende hindurch, und wird in jedem empfänglichen Leser aufs Neue rege.

Fremdsprachen

Die Erlernung mehrerer Sprachen ist nicht allein ein mittelbares, sondern auch ein unmittelbares, tief eingreifendes, geistiges Bildungsmittel. Daher der Ausspruch Karls V.: „so viele Sprachen Einer kann, so viele Mal ist er ein Mensch.“ (Quod linguas quis callet, tot homines valet.) –

Mehrere neuere Sprachen wirklich inne haben und in ihnen mit Leichtigkeit lesen ist ein Mittel, sich von der Nationalbeschränktheit zu befreien, die sonst Jedem anklebt.

Geschmacksbildung

Auf *Gymnasien* sollte keine altdeutsche Litteratur, *Nibelungen* und sonstige Poeten des Mittelalters gelehrt werden: diese Dinge sind zwar höchst merkwürdig, auch lesenswerth, tragen aber nicht zur Bildung des Geschmacks bei und rauben die Zeit, welche der alten, wirklich klassischen Litteratur angehört. Wenn ihr, edle Germanen und deutsche Patrioten, an die Stelle der griechischen und römischen Klassiker altdeutsche Reimereien setzt; so werdet ihr nichts Anderes, als Bärenhäuter erziehn. Nun aber gar diese Nibelungen mit der Ilias zu vergleichen ist eine rechte *Blasphemie*, mit welcher die Ohren der Jugend, vor Allem, verschont bleiben sollen. –

Lesen und denken

Lesen ist ein bloßes Surrogat des eigenen Denkens. Man läßt dabei seine Gedanken von einem Andern am Gängelbande führen. Zudem taugen viele Bücher bloß, zu zeigen, wie viele Irrwege es giebt und wie arg man sich verlaufen könnte, wenn man von ihnen sich leiten ließe. Den aber der Genius leitet, d. h. der selbst denkt, freiwillig denkt, richtig denkt, – der hat die Boussole, den rechten Weg zu finden. – Lesen soll man also nur dann, wann die Quelle der eigenen Gedanken stockt; was auch beim besten Kopfe oft genug der Fall sein wird. Hingegen die eigenen, urkräftigen Gedanken verscheuchen, um ein Buch zur Hand zu nehmen, ist Sünde wider den heiligen Geist. Man gleicht alsdann Dem, der aus der freien Natur flieht, um ein Herbarium zu besehn, oder um schöne Gegenden im Kupferstiche zu betrachten.

Das Wie des Denkens

Um über den Werth der Geistesprodukte eines Schriftstellers eine vorläufige Schätzung anzustellen, ist es nicht gerade nothwendig, zu wissen, worüber, oder was er gedacht habe; dazu wäre erfordert, daß man alle seine Werke durchläse: – sondern zunächst ist es hinreichend, zu wissen, *wie er* gedacht habe. Von diesem *Wie* des Denkens nun, von dieser wesentlichen Beschaffenheit und durchgängigen *Qualität* desselben, ist ein genauer Abdruck sein *Stil*. Dieser zeigt nämlich die *formelle* Beschaffenheit aller Gedanken eines Menschen, welche sich stets gleich bleiben muß; *was* und *worüber* er auch denken möge. Man hat daran gleichsam den Teig, aus dem er alle seine Gestalten knetet, so verschieden sie auch sein mögen. Wie daher Eulenspiegel dem Fragenden, wie lange er, bis zum nächsten Orte, noch zu gehn habe, die scheinbar ungereimte Antwort gab „Gehe!“, in der Absicht, erst aus seinem Gange zu ermessen, wie weit er, in einer gegebenen Zeit, kommen würde; so lese ich aus einem Autor ein Paar Seiten, und weiß dann schon ungefähr, wie weit er mich fördern kann.

Stil

Der *Stil* ist die Physiognomie des Geistes. Sie ist untrüglicher, als die des Leibes. Fremden Stil nachahmen heißt eine Maske tragen.

Gedanke und Stil

Der Stil erhält die Schönheit vom Gedanken; statt daß, bei jenen Scheindenkern, die Gedanken durch den Stil schön werden sollen. Ist doch der Stil der bloße Schattenriß des Gedankens: undeutlich oder schlecht schreiben, heißt dumpf, oder konfus denken.

Daher nun ist die erste, ja, schon für sich allein beinahe ausreichende Regel des guten Stils diese, *daß man etwas zu sagen habe:* o, damit kommt man weit!

Dunkelheit des Ausdrucks

Dunkelheit und Undeutlichkeit des Ausdrucks ist allemal und überall ein sehr schlimmes Zeichen. Denn in 99 Fällen unter 100 rührt sie her von der Undeutlichkeit des Gedankens, welche selbst wiederum fast immer aus einem ursprünglichen Mißverhältniß, Inkonsistenz und also Unrichtigkeit desselben entspringt. Wenn, in einem Kopfe, ein richtiger Gedanke aufsteigt, strebt er schon nach der Deutlichkeit und wird sie bald erreichen: das deutlich Gedachte aber findet leicht seinen angemessenen Ausdruck.

Kürze

Die echte Kürze des Ausdrucks besteht darin, daß man überall nur sagt was sagenswerth ist, hingegen alle weitschweifigen Auseinandersetzungen Dessen, was Jeder selbst hinzudenken kann, vermeidet, mit richtiger Unterscheidung des Nöthigen und Ueberflüssigen. Hingegen soll man nie der Kürze die Deutlichkeit, geschweige die Grammatik, zum Opfer bringen.

Klarheit

Der leitende Grundsatz der Stilistik sollte sein, daß der Mensch nur *einen* Gedanken zur Zeit deutlich denken kann; daher ihm nicht zugemuthet werden darf, daß er deren zwei, oder gar mehrere, auf ein Mal denke. –

Der wahre Nationalcharakter der Deutschen ist *Schwerfälligkeit:* sie leuchtet hervor aus ihrem Gange, ihrem Thun und Treiben, ihrer Sprache, ihrem Reden, Erzählen, Verstehn und Denken, ganz besonders aber aus ihrem Stil im Schreiben, aus dem Vergnügen, welches sie an langen schwerfälligen, verstrickten Perioden haben, bei welchen das Gedächtniß ganz allein, fünf Minuten lang, geduldig die ihm aufgelegte Lektion lernt, bis zuletzt, am Schluß der Periode, der Verstand zum Schuß kommt und die Räthsel gelöst werden.

Deutschmichelei

Daß das Lateinische aufgehört hat, die Sprache aller wissenschaftlicher Untersuchungen zu sein, hat den Nachtheil, daß es nicht mehr eine unmittelbar gemeinsame wissenschaftliche Litteratur für ganz Europa giebt, sondern Nationallitteraturen; wodurch dann jeder Gelehrte zunächst auf ein viel kleineres, zudem in nationalen Einseitigkeiten und Vorurtheilen befangenes Publikum beschränkt ist. Sodann muß er jetzt die vier Europäischen Hauptsprachen, neben den beiden alten, erlernen. Hierbei nun wird es ihm eine große Erleichterung sein, daß die termini technici aller Wissenschaften (mit Ausnahme der Mineralogie), als ein Erbtheil von unsern Vorgängern, Lateinisch oder Griechisch sind. Daher auch alle Nationen diese weislich beibehalten. Nur die Deutschen sind auf den unglücklichen Einfall gerathen, die termini technici aller Wissenschaften verdeutschen zu wollen. Dies hat zwei große Nachtheile.

Erstlich wird der fremde und auch der deutsche Gelehrte genöthigt, alle Kunstausdrücke seiner Wissenschaft zwei Mal zu erlernen, welches, wo deren viele sind, z. B. in der Anatomie, unglaublich mühsam und weitläufig ist. Wären die andern Nationen nicht, in diesem Stücke, klüger als die Deutschen; so hätten wir die Mühe, jeden terminus technicus fünf Mal zu erlernen.

Zweitens sind jene Verdeutschungen der termini technici fast durchgängig lange, zusammengeflickte, ungeschickt gewählte, schleppende, dumpftönende, sich von der übrigen Sprache nicht scharf absondernde Worte, welche daher sich dem Gedächtniß schwer einprägen, während die von den alten, unvergeßlichen Urhebern der Wissenschaften gewählten Griechischen und Lateinischen Ausdrücke die sämmtlichen entgegengesetzten guten Eigenschaften haben und durch ihren sonoren Klang sich leicht einprägen.

Dieselbe widerwärtige Wirkung jener Deutschthümelei wird man in allen Wissenschaften finden. – Die Lateinischen und Griechischen Ausdrücke haben zudem noch den Vorzug, daß sie den wissenschaftlichen Begriff als einen solchen stempeln und ihn aussondern aus den Worten des gemeinen Verkehrs und den diesen anklebenden Ideenassociationen; während z. B. „Speisebrei“, statt Chymus, von der Kost kleiner Kinder zu reden, und „Lungensack“, statt pleura, nebst „Herzbeutel“, statt pericardium, eher von Metzgern als von Anatomen herzurühren scheint. Endlich hängt an den antiken terminis technicis die unmittelbarste Nothwendigkeit der Erlernung der alten Sprachen, welche durch den Gebrauch der lebenden zu gelehrten Untersuchungen mehr und mehr in Gefahr geräth, beseitigt zu werden. Kommt es aber dahin, verschwindet der an die Sprachen gebundene Geist der Alten aus dem gelehrten Unterricht: dann wird Rohheit, Plattheit und Gemeinheit sich der ganzen Litteratur bemächtigen. Denn die Werke der Alten sind der Nordstern für jedes künstlerische oder litterarische Streben: geht der euch unter; so seid ihr verloren. Schon jetzt merkt man an dem jämmerlichen und läppischen Stil der meisten Schreiber, daß sie nie Latein geschrieben haben.*

Sehr passend nennt man die Beschäftigung mit den Schriftstellern des Alterthums *Humanitätsstudien:* denn durch sie wird der Schüler zuvörderst wieder ein Mensch, indem er eintritt in die Welt, die noch rein war von allen Fratzen des Mittelalters und der Romantik, welche nachher in die Europäische Menschheit so tief eindrang, daß auch noch jetzt Jeder damit betüncht zur Welt kommt und sie erst abzustreifen hat, um nur zuvörderst wieder *ein Mensch* zu werden. Denkt nicht, daß eure moderne Weisheit jene Weihe *zum Menschen* je ersetzen könne: ihr seid nicht, wie Griechen und Römer, geborene Freie, unbefangene Söhne der Natur. Ihr seid zunächst die Söhne und Erben des rohen Mittelalters und seines Unsinns, des schändlichen Pfaffentrugs und des halb brutalen, halb geckenhaften Ritterwesens. Geht es gleich mit Beiden jetzt allgemach zu Ende, so könnt ihr darum doch noch nicht auf eigenen Füßen stehen. Ohne die Schule der Alten wird eure Litteratur in gemeines Geschwätze und platte Philisterei ausarten. – Aus allen diesen Gründen also ist es mein wohlgemeinter Rath, daß man der oben gerügten Deutschmichelei ungesäumt ein Ende mache.

* Ein Hauptnutzen des Studiums der Alten ist, daß es uns vor der *Weitschweifigkeit* bewahrt; indem die Alten stets bemüht sind, koncis und prägnant zu schreiben und der Fehler fast aller Neueren Weitschweifigkeit ist, welche die Allerneuesten durch Silben- und Buchstabensuppression gut zu machen suchen. Daher soll man das ganze Leben hindurch das Studium der Alten fortsetzen, wenn auch mit Beschränkung der darauf zu verwendenden Zeit. Die Alten wußten, daß man nicht schreiben soll, wie man spricht: die Neuesten hingegen haben sogar die Unverschämtheit, gehaltene Vorlesungen drucken zu lassen.

Trauerspiel

Als der Gipfel der Dichtkunst, sowohl in Hinsicht auf die Größe der Wirkung, als auf die Schwierigkeit der Leistung, ist das Trauerspiel anzusehen und ist dafür anerkannt. Es ist für das Ganze unserer gesamten Betrachtung sehr bedeutsam und wohl zu beachten, daß der Zweck dieser höchsten poetischen Leistung die Darstellung der schrecklichen Seite des Lebens ist, daß der namenlose Schmerz, der Jammer der Menschheit, der Triumph der Bosheit, die höhnende Herrschaft des Zufalls und der rettungslose Fall der Gerechten und Unschuldigen uns hier vorgeführt werden: denn hierin liegt ein bedeutsamer Wink über die Beschaffenheit der Welt und des Daseins.

Läppische Lustspielcharaktere

Das Leben jedes Einzelnen ist, wenn man es im Ganzen und Allgemeinen übersieht und nur die bedeutsamsten Züge heraushebt, eigentlich immer ein Trauerspiel; aber im Einzelnen durchgegangen, hat es den Charakter des Lustspiels. Denn das Treiben und die Plage des Tages, die rastlose Neckerei des Augenblicks, das Wünschen und Fürchten der Woche, die Unfälle jeder Stunde, mittelst des stets auf Schabernack bedachten Zufalls, sind lauter Komödienscenen. Aber die nie erfüllten Wünsche, das vereitelte Streben, die vom Schicksal unbarmherzig zertretenen Hoffnungen, die unseligen Irrthümer des ganzen Lebens, mit dem steigenden Leiden und Tode am Schlusse, geben immer ein Trauerspiel. So muß, als ob das Schicksal zum Jammer unseres Daseins noch den Spott fügen gewollt, unser Leben alle Wehen des Trauerspiels enthalten, und wir dabei doch nicht einmal die Würde tragischer Personen behaupten können, sondern, im breiten Detail des Lebens, unumgänglich läppische Lustspielcharaktere sein.

Musik

Das unaussprechlich Innige aller Musik, vermöge dessen sie als ein so ganz vertrautes und doch ewig fernes Paradies an uns vorüberzieht, so ganz verständlich und doch so unerklärlich ist, beruht darauf, daß sie alle Regungen unseres innersten Wesens wiedergiebt, aber ganz ohne die Wirklichkeit und fern von ihrer Qual.

Die *Musik* ist die wahre allgemeine Sprache, die man überall versteht: daher wird sie in allen Ländern und durch alle Jahrhunderte, mit großem Ernst und Eifer, unaufhörlich geredet, und macht eine bedeutsame, vielsagende Melodie gar bald ihren Weg um das ganze Erdenrund; während eine sinnarme und nichtssagende gleich verhallt und erstirbt; welches beweiset, daß der Inhalt der Melodie ein sehr wohl verständlicher ist. Jedoch redet sie nicht von Dingen, sondern von lauter Wohl und Wehe, als welche die allgemeinen Realitäten für den *Willen* sind: darum spricht sie so sehr zum Herzen, während sie dem Kopfe *unmittelbar* nichts zu sagen hat und es ein Mißbrauch ist, wenn man ihr Dies zumuthet, wie in aller *malenden* Musik geschieht, welche daher, ein für alle Mal, verwerflich ist; wenn gleich Haydn und Beethoven sich zu ihr verirrt haben: Mozart und Rossini haben es, meines Wissens, nie gethan. Denn ein Anderes ist Ausdruck der Leidenschaften, ein Anderes Malerei der Dinge.

Je nachdem wir, beim Auffinden einer solchen Inkongruenz, vom Realen, d. i. Anschaulichen, zum Begriff, oder aber umgekehrt vom Begriff zum Realen übergehen, ist das dadurch entstehende Lächerliche entweder ein Witzwort, oder aber eine Ungereimtheit, im höhern Grade, zumal im Praktischen, eine Narrheit; wie im Text auseinandergesetzt worden. Um nun Beispiele des ersten Falles, also des Witzes, zu betrachten, wollen wir zunächst die allbekannte Anekdote nehmen vom Gaskogner, über den der König lachte, als er ihn bei strenger Winterkälte in leichter Sommerkleidung sah, und der darauf zum König sagte: „Hätten Ew. Maj. angezogen, was ich angezogen habe; so würden Sie es sehr warm finden", – und auf die Frage, was er angezogen habe: „meine ganze Garderobe". – In diesem letzten Begriff ist nämlich, so gut wie die unübersehbare Garderobe eines Königs, auch das einzige Sommerröckchen eines armen Teufels zu denken, dessen Anblick auf seinem frierenden Leibe sich jedoch dem Begriff sehr inkongruent zeigt. – Das Publikum eines Theaters in Paris verlangte einst, daß die Marseillaise gespielt werde, und gerieth, als dies nicht geschah, in großes Schreien und Toben; so daß endlich ein Polizeikommissarius in Uniform auf die Bühne trat und erklärte, es sei nicht erlaubt, daß im Theater etwas Anderes vorkomme, als was auf dem Zettel stehe. Da rief eine Stimme: Et vous, Monsieur, êtes-vous aussi sur l'affiche? [Und Sie, mein Herr, stehen Sie auch auf dem Zettel?] welcher Einfall das einstimmigste Gelächter erregte. Denn hier ist die Subsumtion des Heterogenen unmittelbar deutlich und ungezwungen. – Das Epigramm:

„*Brav* ist der treue Hirt, von dem die Bibel sprach:
Wenn seine Heerde schläft, bleibt er allein noch wach",

subsumirt unter den Begriff eines bei der schlafenden Heerde wachenden Hirten, den langweiligen Prediger der die ganze Gemeinde eingeschläfert hat und nun ungehört allein fortbelfert.

Analog ist die Grabschrift eines Arztes: „Hier liegt er, wie ein Held und die Erschlagenen liegen um ihn her“: – es subsumirt unter den dem Helden ehrenvollen Begriff des „von Getödteten umringt Liegens“ den Arzt, der das Leben erhalten soll. – Sehr häufig besteht das Witzwort in einem einzigen Ausdruck, durch den eben nur der Begriff angegeben wird, unter welchen der vorliegende Fall subsumirt werden kann, welcher jedoch Allem, was sonst darunter gedacht wird, sehr heterogen ist. So im *Romeo,* wenn der lebhafte, aber soeben tödtlich verwundete *Merkutio* seinen Freunden, die ihn morgen zu besuchen versprechen, antwortet: „Ja, kommt nur, ihr werdet einen *stillen Mann* an mir finden“, unter welchen Begriff hier der Todte subsumirt wird: im Englischen kommt aber noch das Wortspiel hinzu, daß a grave man zugleich den ernsthaften, und den Mann des Grabes bedeutet. – Dieser Art ist auch die bekannte Anekdote vom Schauspieler Unzelmann: nachdem auf dem Berliner Theater alles Improvisiren streng untersagt worden war, hatte er zu Pferde auf der Bühne zu erscheinen, wobei, als er gerade auf dem Proscenio war, das Pferd Mist fallen ließ, wodurch das Publikum schon zum Lachen bewogen wurde, jedoch sehr viel mehr, als Unzelmann zum Pferde sagte: „Was machst denn du? weißt du nicht, daß uns das Improvisiren verboten ist?“ Hier ist die Subsumtion des Heterogenen unter den allgemeinen Begriff sehr deutlich, aber das Witzwort überaus treffend und die dadurch erlangte Wirkung des Lächerlichen äußerst stark.

Versteckt nun aber der Scherz sich hinter den Ernst; so entsteht die *Ironie:* z. B. wenn wir auf die Meinungen des Andern, welche das Gegentheil der unserigen sind, mit scheinbarem Ernst eingehen und sie mit ihm zu theilen simuliren; bis endlich das Resultat ihn an uns und ihnen irre macht. So verhielt sich Sokrates dem Hippias, Protagoras, Gorgias und andern Sophisten, überhaupt oft seinem Collocutor gegenüber. – Das Umgekehrte der Ironie wäre demnach der hinter den Scherz versteckte Ernst, und dies ist der *Humor.* Man könnte ihn den doppelten Kontrapunkt der Ironie nennen. –

Erklärungen wie „der Humor ist die Wechseldurchdringung des Endlichen und Unendlichen“ drücken nichts weiter aus, als die gänzliche Unfähigkeit zum Denken Derer, die an solchen hohlen Floskeln ihr Genügen haben. – Die Ironie ist objektiv, nämlich auf den Andern berechnet; der *Humor* aber subjektiv, nämlich zunächst nur für das eigene Selbst da. Demgemäß finden die Meisterstücke der Ironie sich bei den Alten, die des Humors bei den Neueren. Denn näher betrachtet, beruht der Humor auf einer subjektiven, aber ernsten und erhabenen Stimmung, welche unwillkürlich in Konflikt geräth mit einer ihr heterogenen, gemeinen Außenwelt, der sie weder ausweichen, noch sich selbst aufgeben kann; daher sie, zur Vermittelung, versucht, ihre eigene Ansicht und jene Außenwelt durch dieselben Begriffe zu denken, welche hiedurch eine doppelte, bald auf dieser bald auf der anderen Seite liegende Inkongruenz zu dem dadurch gedachten Realen erhalten, wodurch der Eindruck des absichtlich Lächerlichen, also des Scherzes entsteht, hinter welchem jedoch der tiefste Ernst versteckt ist und durchscheint. Fängt die Ironie mit ernster Miene an und endigt mit lächelnder, so hält der Humor es umgekehrt.

Daß heut zu Tage in der Deutschen Litteratur „humoristisch" durchgängig in der Bedeutung von „komisch" überhaupt gebraucht wird, entspringt aus der erbärmlichen Sucht, den Dingen einen vornehmeren Namen zu geben, als ihnen zukommt, nämlich den einer über ihnen stehenden Klasse: so will jedes Wirthshaus Hotel, jeder Geldwechsler Banquier, jede Reiterbude Cirkus, jedes Konzert Musikalische Akademie, das Kaufmannskomptoir Büreau, der Töpfer Thonkünstler heißen, — demnach auch jeder Hanswurst Humorist. Das Wort *Humor* ist von den Engländern entlehnt, um eine, bei ihnen zuerst bemerkte, ganz eigenthümliche, sogar, wie oben gezeigt, dem Erhabenen verwandte Art des Lächerlichen auszusondern und zu bezeichnen; nicht aber um jeden Spaß und jede Hanswurstiade damit zu betiteln, wie jetzt in Deutschland allgemein, ohne Opposition, geschieht, von Litteraten und Gelehrten; weil der wahre Begriff jener Abart, jener Geistesrichtung, jenes Kindes des Lächerlichen und Erhabenen, zu subtil und zu hoch sein würde für ihr Publikum, welchem zu gefallen, sie bemüht sind, Alles abzuplatten und zu pöbelarisiren. Je nun, „hohe Worte und niedriger Sinn" ist überhaupt der Wahlspruch der edeln „Jetztzeit": demgemäß heißt heut zu Tage ein Humorist, was ehemals ein Hanswurst genannt wurde.

Dilettanten

Dilettanten, Dilettanten! — so werden Die, welche eine Wissenschaft, oder Kunst, aus Liebe zu ihr und Freude an ihr, per il loro diletto [zu ihrem Vergnügen], treiben, mit Geringschätzung genannt von Denen, die sich des Gewinnes halber darauf gelegt haben: weil *sie* nur das Geld delektirt, das damit zu verdienen ist. Diese Geringschätzung beruht auf ihrer niederträchtigen Ueberzeugung, daß Keiner eine Sache ernstlich angreifen werde, wenn ihn nicht Noth, Hunger, oder sonst welche Gier dazu anspornt. Das Publikum ist des selben Geistes und daher der selben Meinung: hieraus entspringt sein durchgängiger Respekt vor den „Leuten vom Fach“ und sein Mißtrauen gegen Dilettanten. In Wahrheit hingegen ist dem Dilettanten die Sache Zweck, dem Manne vom Fach, als solchem, bloß Mittel: nur Der aber wird eine Sache mit ganzem Ernst treiben, dem unmittelbar an ihr gelegen ist und der sich aus Liebe zu ihr damit beschäftigt, sie con amore [mit Lust] treibt. Von Solchen, und nicht von den Lohndienern, ist stets das Größte ausgegangen.

Fünftes Kapitel

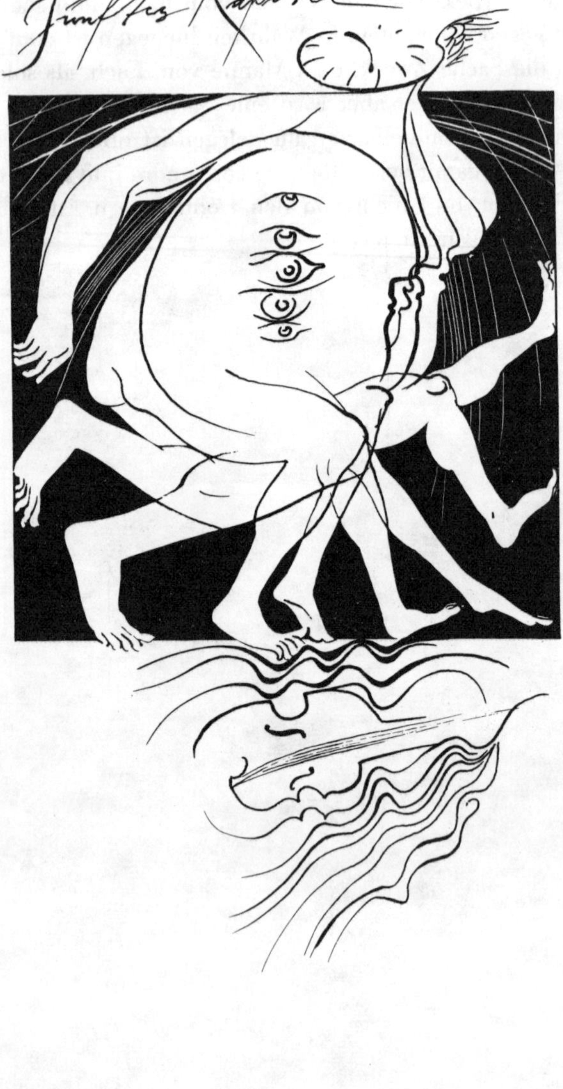

Von dem, was einer ist, hat und vorstellt

In früher Jugend machte ich einmal ein altes Buch auf, und da stand: "wer viel lacht ist glücklich, und wer viel weint ist unglücklich," – eine sehr einfältige Bemerkung, die ich aber, wegen ihrer einfachen Wahrheit doch nicht habe vergessen können . . .

Von dem, was einer ist+

Aristoteles hat (Eth. Nicom. I, 8) die Güter des menschlichen Lebens in drei Klassen getheilt, – die äußeren, die der Seele und die des Leibes. Hievon nun nichts, als die Dreizahl beibehaltend sage ich, daß was den Unterschied im Loose der Sterblichen begründet sich auf drei Grundbestimmungen zurückführen läßt. Sie sind:

1) Was Einer *ist:* also die Persönlichkeit im weitesten Sinne. Sonach ist hierunter Gesundheit, Kraft, Schönheit, Temperament, moralischer Charakter, Intelligenz und Ausbildung derselben begriffen.

2) Was Einer *hat:* also Eigenthum und Besitz in jeglichem Sinne.

3) Was Einer *vorstellt:* unter diesem Ausdruck wird bekanntlich verstanden, was er in der Vorstellung Anderer ist, also eigentlich wie er von ihnen vorgestellt wird. Es besteht demnach in ihrer Meinung von ihm, und zerfällt in Ehre, Rang und Ruhm.

Die unter der ersten Rubrik zu betrachtenden Unterschiede sind solche, welche die Natur selbst zwischen Menschen gesetzt hat; woraus sich schon abnehmen läßt, daß der Einfluß derselben auf ihr Glück, oder Unglück, viel wesentlicher und durchgreifender sein werde, als was die bloß aus menschlichen Bestimmungen hervorgehenden, unter den zwei folgenden Rubriken angegebenen Verschiedenheiten herbeiführen. Zu den *echten persönlichen Vorzügen,* dem großen Geiste, oder großen Herzen, verhalten sich alle Vorzüge des Ranges, der Geburt, selbst der königlichen, des Reichthums u. dgl. wie die Theater-Könige zu den wirklichen.

Und allerdings ist für das Wohlsein des Menschen, ja, für die ganze Weise seines Daseins, die Hauptsache offenbar Das, was in ihm selbst besteht, oder vorgeht. Hier nämlich liegt unmittelbar sein inneres Behagen, oder Unbehagen, als welches zunächst das Resultat seines Empfindens, Wollens und Denkens ist; während alles außerhalb Gelegene doch nur mittelbar darauf Einfluß hat. Daher affiziren die selben äußern Vorgänge, oder Verhältnisse, Jeden ganz anders, und bei gleicher Umgebung lebt doch Jeder in einer andern Welt. Denn nur mit seinen eigenen Vorstellungen, Gefühlen und Willensbewegungen hat er es unmittelbar zu thun: die Außendinge haben nur, sofern sie diese veranlassen, Einfluß auf ihn. Die Welt, in der Jeder lebt, hängt zunächst ab von seiner Auffassung derselben, richtet sich daher nach der Verschiedenheit der Köpfe: Dieser gemäß wird sie arm, schaal und flach, oder reich, interessant und bedeutungsvoll ausfallen. Während z. B. Mancher den Andern beneidet um die interessanten Begebenheiten, die ihm in seinem Leben aufgestoßen sind, sollte er ihn vielmehr um die Auffassungsgabe beneiden, welche jenen Begebenheiten die Bedeutsamkeit verlieh, die sie in seiner Beschreibung haben: denn dieselbe Begebenheit, welche in einem geistreichen Kopfe sich so interessant darstellt, würde, von einem flachen Alltagskopf aufgefaßt, auch nur eine schaale Scene aus der Alltagswelt sein. Im höchsten Grade zeigt sich Dies bei manchen Gedichten Goethes und Byrons, denen offenbar reale Vorgänge zum Grunde liegen: ein thörichter Leser ist im Stande dabei den Dichter um die allerliebste Begebenheit zu beneiden, statt um die mächtige Phantasie, welche aus einem ziemlich alltäglichen Vorfall etwas so Großes und Schönes zu machen fähig war. Desgleichen sieht der Melancholikus eine Trauerspielscene, wo der Sanguinikus nur einen interessanten Konflikt und der Phlegmatikus etwas Unbedeutendes vor sich hat. Dies Alles beruht darauf, daß jede Wirklichkeit, d. h. jede erfüllte Gegenwart, aus zwei Hälften besteht, dem Subjekt und dem Objekt, wiewohl in so nothwendiger und enger Verbindung, wie Oxygen und Hydrogen im Wasser. Bei völlig gleicher objektiver Hälfte, aber verschiedener subjektiver, ist daher, so gut wie im umgekehrten Fall, die gegenwärtige Wirklichkeit eine ganz andere: die schönste und beste objektive Hälfte bei stumpfer, schlechter subjektiver, giebt doch nur eine schlechte Wirklichkeit und Gegenwart; gleich einer schönen Gegend in schlechtem Wetter, oder im Reflex einer schlechten Camera obscura. Oder planer zu reden: Jeder steckt in seinem Bewußtsein, wie in seiner Haut, und lebt unmittelbar nur in demselben: daher ist ihm von außen nicht sehr zu helfen. Auf der Bühne spielt Einer den Fürsten, ein Anderer den Rath, ein Dritter den Diener, oder den Soldaten, oder den General u. s. f. Aber diese Unterschiede sind bloß im Aeußern vorhanden, im Innern, als Kern einer solchen Erscheinung, steckt bei Allen das Selbe: ein armer Komödiant, mit seiner Plage und Noth. Im Leben ist es auch so.

Demgemäß trägt das Leben jedes Menschen, trotz aller Abwechselung von außen, durchgängig den selben Charakter und ist einer Reihe Variationen auf *ein* Thema zu vergleichen. Aus seiner Individualität kann Keiner heraus. Und wie das Thier, unter allen Verhältnissen, in die man es setzt, auf den engen Kreis beschränkt bleibt, den die Natur seinem Wesen unwiderruflich gezogen hat, weshalb z. B. unsere Bestrebungen, ein geliebtes Thier zu beglücken, eben wegen jener Grenzen seines Wesens und Bewußtseins, stets innerhalb enger Schranken sich halten müssen; — so ist es auch mit dem Menschen: durch seine Individualität ist das Maß seines möglichen Glückes zum voraus bestimmt. Besonders haben die Schranken seiner Geisteskräfte seine Fähigkeit für erhöhten Genuß ein für alle Mal festgestellt. Sind sie eng, so werden alle Bemühungen von außen, Alles was Menschen, Alles was das Glück für ihn thut, nicht vermögen, ihn über das Maß des gewöhnlichen, halb thierischen Menschenglücks und Behagens hinaus zu führen: auf Sinnengenuß, trauliches und heiteres Familienleben, niedrige Geselligkeit und vulgären Zeitvertreib bleibt er angewiesen: sogar die Bildung vermag im Ganzen, zur Erweiterung jenes Kreises, nicht gar viel, wenn gleich etwas. Denn die höchsten, die mannigfaltigsten und die anhaltendesten Genüsse sind die geistigen; wie sehr auch wir, in der Jugend, uns darüber täuschen mögen; diese aber hängen hauptsächlich von der geistigen Kraft ab. – Hieraus also ist klar, wie sehr unser Glück abhängt von Dem, was wir *sind*, von unserer Individualität; während man meistens nur unser Schicksal, nur Das, was wir *haben*, oder was wir *vorstellen*, in Anschlag bringt. Das Schicksal aber kann sich bessern: zudem wird man, bei innerm Reichthum, von ihm nicht viel verlangen; hingegen ein Tropf bleibt ein Tropf, ein stumpfer Klotz, bis an sein Ende, und wäre er im Paradiese und von Huris umgeben. Deshalb sagt Goethe:

Volk und Knecht und Ueberwinder,
Sie gestehn, zu jeder Zeit,
Höchstes Glück der Erdenkinder
Sei nur die Persönlichkeit.

W. O. Divan

Daß für unser Glück und unsern Genuß das Subjektive ungleich wesentlicher, als das Objektive sei, bestätigt sich in Allem: von Dem an, daß Hunger der beste Koch ist und der Greis die Göttin des Jünglings gleichgültig ansieht, bis hinauf zum Leben des Genies und des Heiligen. Besonders überwiegt die Gesundheit alle äußern Güter so sehr, daß wahrlich ein gesunder Bettler glücklicher ist, als ein kranker König. Ein aus vollkommener Gesundheit und glücklicher Organisation hervorgehendes, ruhiges und heiteres Temperament, ein klarer, lebhafter, eindringender und richtig fassender Verstand, ein gemäßigter, sanfter Wille und demnach ein gutes Gewissen, Dies sind Vorzüge, die kein Rang oder Reichthum ersetzen kann. Denn was Einer für sich selbst ist, was ihn in die Einsamkeit begleitet und was Keiner ihm geben, oder nehmen kann, ist offenbar für ihn wesentlicher, als Alles, was er besitzen, oder auch was er in den Augen Anderer sein mag. Ein geistreicher Mensch hat, in gänzlicher Einsamkeit, an seinen eigenen Gedanken und Phantasien vortreffliche Unterhaltung, während von einem Stumpfen die fortwährende Abwechselung von Gesellschaften, Schauspielen, Ausfahrten und Lustbarkeiten, die marternde Langeweile nicht abzuwehren vermag. Ein guter, gemäßigter, sanfter Charakter kann unter dürftigen Umständen zufrieden sein; während ein begehrlicher, neidischer und böser es bei allem Reichthum nicht ist. Nun aber gar Dem, welcher beständig den Genuß einer außerordentlichen, geistig eminenten Individualität hat, sind die meisten der allgemein angestrebten Genüsse ganz überflüssig, ja, nur störend und lästig.

Was nun aber, von jenen Allen, uns am unmittelbarsten beglückt, ist die Heiterkeit des Sinnes: denn diese gute Eigenschaft belohnt sich augenblicklich selbst. Wer eben fröhlich ist, hat allemal Ursach es zu sein: nämlich eben diese, daß er es ist. Nichts kann so sehr, wie diese Eigenschaft, jedes andere Gut vollkommen ersetzen; während sie selbst durch nichts zu ersetzen ist. Einer sei jung, schön, reich und geehrt; so frägt sich, wenn man sein Glück beurtheilen will, ob er dabei heiter sei: ist er hingegen heiter, so ist es einerlei, ob er jung oder alt, gerade oder pucklich, arm oder reich sei; er ist glücklich. In früher Jugend machte ich ein Mal ein altes Buch auf, und da stand: „wer viel lacht ist glücklich, und wer viel weint ist unglücklich", – eine sehr einfältige Bemerkung, die ich aber, wegen ihrer einfachen Wahrheit doch nicht habe vergessen können, so sehr sie auch der Superlativ eines truism's [Gemeinplatzes] ist. Dieserwegen also sollen wir der Heiterkeit, wann immer sie sich einstellt, Thür und Thor öffnen: denn sie kommt nie zur unrechten Zeit: statt daß wir oft Bedenken tragen ihr Eingang zu gestatten, indem wir erst wissen wollen, ob wir denn auch wohl in jeder Hinsicht Ursach haben, zufrieden zu sein; oder auch, weil wir fürchten, in unsern ernsthaften Ueberlegungen und wichtigen Sorgen dadurch gestört zu werden: allein was wir durch diese bessern, ist sehr ungewiß; hingegen ist Heiterkeit unmittelbarer Gewinn. Sie allein ist gleichsam die baare Münze des Glückes und nicht, wie alles Andere, bloß der Bankzettel; weil nur sie unmittelbar in der Gegenwart beglückt; weshalb sie das höchste Gut ist für Wesen, deren Wirklichkeit die Form einer untheilbaren Gegenwart zwischen zwei unendlichen Zeiten hat. Demnach sollten wir die Erwerbung und Beförderung dieses Gutes jedem andern Trachten vorsetzen. Nun ist gewiß, daß zur Heiterkeit nichts weniger beiträgt, als Reichthum, und nichts mehr, als Gesundheit: in den niedrigen, arbeitenden, zumal das Land bestellenden Klassen, sind die heitern und zufriedenen Gesichter; in den reichen und vornehmen die verdrießlichen zu Hause. Folglich sollten wir vor Allem bestrebt sein, uns den hohen Grad vollkommener Gesundheit zu erhalten, als dessen Blüthe die Heiterkeit sich einstellt. Die Mittel hiezu sind bekanntlich Vermeidung aller Excesse und Ausschweifungen, aller heftigen und unangenehmen Gemüthsbewegungen, auch aller zu großen oder zu anhaltenden Geistesanstrengung, täglich zwei Stunden rascher Bewegung in freier Luft, viel kaltes Baden und ähnliche diätetische Maßregeln. Ohne tägliche gehörige Bewegung kann man nicht gesund bleiben: alle Lebensprocesse erfordern, um gehörig vollzogen zu werden, Bewegung sowohl der Theile, darin sie vorgehn, als des Ganzen. Das Leben besteht in der Bewegung und hat sein Wesen in ihr. Wenn nun hierbei, wie es bei der ganz und gar sitzenden Lebensweise unzähliger Menschen der Fall ist, die äußere Bewegung so gut wie ganz fehlt, so entsteht ein schreiendes und verderbliches Mißverhältniß zwischen der äußern Ruhe und dem innern Tumult. Denn sogar will die beständige innere Bewegung durch die äußere etwas unterstützt sein: jenes Mißverhältniß aber wird dem anolog wenn, in Folge irgend eines Affekts, es in unserm Innern kocht, wir aber nach Außen nichts davon sehen lassen dürfen.

Sogar die Bäume bedürfen, um zu gedeihen, der Bewegung durch den Wind. Dabei gilt die Regel, die sich am kürzesten lateinisch ausdrücken läßt: omnis motus, quo celerior, eo magis motus [je schneller eine Bewegung ist, desto mehr ist sie Bewegung].

Wie sehr unser Glück von der Heiterkeit der Stimmung und diese vom Gesundheitszustand abhängt, lehrt die Vergleichung des Eindrucks, den die nämlichen äußern Verhältnisse, oder Vorfälle, am gesunden und rüstigen Tage auf uns machen, mit dem, welchen sie hervorbringen, wann Kränklichkeit uns verdrießlich und ängstlich gestimmt hat. Nicht was die Dinge objektiv und wirklich sind, sondern was sie für uns, in unsrer Auffassung, sind, macht uns glücklich oder unglücklich: Ueberhaupt aber beruhen 9/10 unsers Glückes allein auf der Gesundheit.

Hieraus nun aber folgt, daß die größte aller Thorheiten ist, seine Gesundheit aufzuopfern, für was es auch sei, für Erwerb, für Beförderung, für Gelehrsamkeit, für Ruhm, geschweige für Wollust und flüchtige Genüsse: vielmehr soll man ihr Alles nachsetzen.

Der allgemeinste Ueberblick zeigt uns, als die beiden Feinde des menschlichen Glückes, den Schmerz und die Langeweile. Dazu noch läßt sich bemerken, daß, in dem Maße, als es uns glückt, vom einen derselben uns zu entfernen, wir dem andern uns nähern, und umgekehrt; so daß unser Leben wirklich eine stärkere, oder schwächere Oscillation zwischen ihnen darstellt. Dies entspringt daraus, daß beide in einem doppelten Antagonismus zu einander stehn, einem äußern, oder objektiven, und einem innern, oder subjektiven. Aeußerlich nämlich gebiert Noth und Entbehrung den Schmerz; hingegen Sicherheit und Ueberfluß die Langeweile.

Demgemäß sehn wir die niedere Volksklasse in einem beständigen Kampf gegen die Noth, also den Schmerz; die reiche und vornehme Welt hingegen in einem anhaltenden, oft wirklich verzweifelten Kampf gegen die Langeweile.*

Die gewöhnlichen Leute sind bloß darauf bedacht, die Zeit *zuzubringen;* wer irgend ein Talent hat, – sie *zu benutzen.* –

Ueberhaupt aber wird jedes unbeschäftigte Individuum, je nach der Art der in ihm vorwaltenden Kräfte, sich ein Spiel zu ihrer Beschäftigung wählen: etwan Kegel, oder Schach; Jagd, oder Malerei; Wettrennen, oder Musik; Kartenspiel, oder Poesie; Heraldik, oder Philosophie u. s. w. Wir können sogar die Sache methodisch untersuchen, indem wir auf die Wurzel aller menschlichen Kraftäußerungen zurückgehn, also auf die drei *physiologischen Grundkräfte,* welche wir demnach hier in ihrem zwecklosen Spiel zu betrachten haben, in welchem sie als die Quellen dreier Arten möglicher Genüsse auftreten, aus denen jeder Mensch, je nachdem die eine, oder die andere jener Kräfte in ihm vorwaltet, die ihm angemessenen erwählen wird. Also zuerst, die Genüsse *der Reproduktionskraft;* sie bestehn im Essen, Trinken, Verdauen, Ruhen und Schlafen. Diese werden daher sogar ganzen Völkern als ihre Nationalvergnügungen von den andern nachgerühmt. Zweitens, die Genüsse *der Irritabilität:* sie besteht im Wandern, Springen, Ringen, Tanzen, Fechten, Reiten und athletischen Spielen jeder Art, wie auch in der Jagd und sogar

* Das *Nomadenleben,* welches die unterste Stufe der Civilisation bezeichnet, findet sich auf der höchsten im allgemein gewordenen Touristenleben wieder ein. Das erste ward von der *Noth,* das zweite von der Langeweile herbeigeführt.

in Kampf und Krieg. Drittens, die Genüsse *der Sensibilität:* sie besteht im Beschauen, Denken, Empfinden, Dichten, Bilden, Musiciren, Lernen, Lesen, Meditiren, Erfinden, Philosophiren u. s. w. — Ueber den Werth, den Grad, die Dauer jeder dieser Arten der Genüsse lassen sich mancherlei Betrachtungen anstellen, die dem Leser selbst überlassen bleiben.

Unser praktisches, reales Leben nämlich ist, wenn nicht die Leidenschaften es bewegen, langweilig und fade; wenn sie aber es bewegen, wird es bald schmerzlich: darum sind Die allein beglückt, denen irgend ein Ueberschuß des Intellekts, über das zum Dienst ihres Willens erforderte Maß, zu Theil geworden. Denn damit führen sie, neben ihrem wirklichen, noch ein intellektuelles Leben, welches sie fortwährend auf eine *schmerzlose* Weise und doch lebhaft beschäftigt und unterhält. Bloße *Muße,* d. h. durch den Dienst des Willens *unbeschäftigter* Intellekt, reicht dazu nicht aus; sondern ein wirklicher Ueberschuß der *Kraft* ist erfordert: denn nur dieser befähigt zu einer dem Willen nicht dienenden, rein geistigen Beschäftigung: hingegen otium sine litteris mors est et hominis vivi sepultura (Sen. ep. 82). [Muße ohne geistige Beschäftigung ist ein Tod und ein Lebendigbegrabensein des Menschen]. Je nachdem nun aber dieser Ueberschuß klein oder groß ist, giebt es unzählige Abstufungen jenes, neben dem realen zu führenden intellektuellen Lebens, vom bloßen Insekten-, Vögel-, Mineralien-, Münzen-Sammeln und Beschreiben, bis zu den höchsten Leistungen der Poesie und Philosophie. Ein solches intellektuelles Leben schützt aber nicht nur gegen die Langeweile, sondern auch gegen die verderblichen Folgen derselben. Es wird nämlich zur Schutzwehr gegen schlechte Gesellschaft und gegen die vielen Gefahren, Unglücksfälle, Verlüste und Verschwendungen, in die man geräth, wenn man sein Glück ganz in der realen Welt sucht. So hat z. B. mir meine Philosophie nie etwas eingebracht; aber sie hat mir sehr viel erspart.

Der normale Mensch hingegen ist, hinsichtlich des Genusses seines Lebens, auf Dinge *außer ihm* gewiesen, auf den Besitz; den Rang, auf Weib und Kinder, Freunde, Gesellschaft u. s. w., auf diese stützt sich sein Lebensglück: darum fällt es dahin, wenn er sie verliert, oder er sich in ihnen getäuscht sah. Dies Verhältniß auszudrücken, können wir sagen, daß sein Schwerpunkt *außer ihm* fällt. Eben deshalb hat er auch stets wechselnde Wünsche und Grillen: er wird, wenn seine Mittel es erlauben, bald Landhäuser, bald Pferde kaufen, bald Feste geben, bald Reisen machen, überhaupt aber großen Luxus treiben; weil er eben in Dingen aller Art ein Genüge *von außen* sucht; wie der Entkräftete aus Consommé's und Apothekerdrogen die Gesundheit und Stärke zu erlangen hofft, deren wahre Quelle die eigene Lebenskraft ist.

Stellen wir nun, um nicht gleich zum andern Extrem überzugehn, neben ihn nun einen Mann von nicht gerade eminenten, aber doch das gewöhnliche knappe Maß überschreitenden Geisteskräften; so sehn wir diesen etwan irgend eine schöne Kunst als Dilettant üben, oder aber eine Realwissenschaft, wie Botanik, Mineralogie, Physik, Astronomie, Geschichte, u. dgl. betreiben und alsbald einen großen Theil seines Genusses darin finden, sich daran erholend, wenn jene äußern Quellen stocken, oder ihn nicht mehr befriedigen. Wir können insofern sagen, daß sein Schwerpunkt schon zum Theil *in ihn selbst* fällt.

Inzwischen will ich hier doch nicht unerwähnt lassen, daß der Mensch, welcher, in Folge des streng und knapp normalen Maßes seiner intellektuellen Kräfte, *keine geistigen Bedürfnisse hat,* es eigentlich ist, den ein der deutschen Sprache, ausschließlich eigener, vom Studentenleben ausgegangener, nachmals aber in einem höheren, wiewohl dem ursprünglichen, durch den Gegensatz zum Musensohne, immer noch analogen Sinne gebrauchter Ausdruck als den *Philister* bezeichnet.

Kein Drang nach Erkenntniß und Einsicht, um ihrer selbst Willen, belebt sein Dasein, auch keiner nach eigentlich ästhetischen Genüssen, als welcher dem ersteren durchaus verwandt ist. Was dennoch von Genüssen solcher Art etwan Mode, oder Auktorität, ihm aufdringt, wird er als eine Art Zwangsarbeit möglichst kurz abthun. Wirkliche Genüsse für ihn sind allein die sinnlichen: durch diese hält er sich schadlos. Demnach sind Austern und Champagner der Höhepunkt seines Daseins, und sich Alles, was zum leiblichen Wohlsein beiträgt, zu verschaffen, ist der Zweck seines Lebens. Glücklich genug, wenn dieser ihm viel zu schaffen macht! Denn, sind jene Güter ihm schon zum voraus oktroyirt; so fällt er unausbleiblich der Langenweile anheim; gegen welche dann alles Ersinnliche versucht wird: Ball, Theater, Gesellschaft, Kartenspiel, Pferde, Weiber, Trinken, Reisen u. s. w. Und doch reicht dies Alles gegen die Langeweile nicht aus, wo Mangel an geistigen Bedürfnissen die geistigen Genüsse unmöglich macht. Daher auch ist dem Philister ein dumpfer, trockener Ernst, der sich dem thierischen nähert, eigen und charakteristisch. Nichts freut ihn, nichts erregt ihn, nichts gewinnt ihm Antheil ab. Denn die sinnlichen Genüsse sind bald erschöpft; die Gesellschaft aus eben solchen Philistern bestehend, wird bald langweilig; das Kartenspiel zuletzt ermüdend. Allenfalls bleiben ihm noch die Genüsse der Eitelkeit, nach seiner Weise, welche denn darin bestehn, daß er an Reichthum, oder Rang, oder Einfluß und Macht, Andere übertrifft, von welchen er dann deshalb geehrt wird; oder aber auch darin, daß er wenigstens mit Solchen, die in Dergleichen eminiren, Umgang hat und so sich im Reflex ihres Glanzes sonnt (a snob). –

Von dem, was einer hat.+

Richtig und schön hat der große Glückseligkeitslehrer *Epikuros* die menschlichen Bedürfnisse in drei Klassen getheilt. Erstlich, die natürlichen und die nothwendigen: es sind die, welche, wenn nicht befriedigt, Schmerz verursachen. Folglich gehört hierher nur victus et amictus [Nahrung und Kleidung]. Sie sind leicht zu befriedigen. Zweitens die natürlichen, jedoch nicht nothwendigen: es ist das Bedürfniß der Geschlechtsbefriedigung; wiewohl Epikur Dies im Berichte des Laertius nicht ausspricht; (wie ich denn überhaupt seine Lehre hier etwas zurechtgeschoben und ausgefeilt wiedergebe). Dieses Bedürfniß zu befriedigen hält schon schwerer. Drittens, die weder natürlichen, noch nothwendigen: es sind die des Luxus, der Ueppigkeit, des Prunkes und Glanzes: sie sind endlos und ihre Befriedigung ist sehr schwer. Der Reichthum gleicht dem Seewasser: je mehr man davon trinkt, desto durstiger wird man. Das Selbe gilt vom Ruhme. –

Unter einem so bedürftigen und aus Bedürfnissen bestehendem Geschlecht, wie das menschliche, ist es nicht zu verwundern, daß *Reichthum* mehr und aufrichtiger, als alles Andere, geachtet, ja verehrt wird, und selbst die Macht nur als Mittel zum Reichthum; wie auch nicht, daß zum Zwecke des Erwerbs alles Andere bei Seite geschoben, oder über den Haufen geworfen wird, z. B. die Philosophie von den Philosophieprofessoren. – Daß die Wünsche der Menschen hauptsächlich auf Geld gerichtet sind und sie dieses über Alles lieben, wird ihnen oft zum Vorwurf gemacht. Jedoch ist es natürlich, wohl unvermeidlich, Das zu lieben, was, als ein unermüdlicher Proteus, jeden Augenblick bereit ist, sich in den jedesmaligen Gegenstand unsrer so wandelbaren Wünsche und mannigfaltigen Bedürfnisse zu verwandeln. Jedes andere Gut nämlich kann nur *einem* Wunsch, *einem* Bedürfniß genügen: Speisen sind bloß gut für den Hungrigen, Wein für den Gesunden, Arznei für den Kranken, ein Pelz für den Winter, Weiber für die Jugend, u. s. w. Sie sind folglich alle nur ... relativ gut. Geld allein ist das absolut Gute: weil es nicht bloß *einem* Bedürfniß in concreto begegnet, sondern *dem* Bedürfniß überhaupt, in abstracto. –

Vorhandenes Vermögen soll man betrachten als eine Schutzmauer gegen die vielen möglichen Uebel und Unfälle; nicht als eine Erlaubniß oder gar Verpflichtung, die Plaisirs der Welt heranzuschaffen. – Leute die von Hause aus kein Vermögen haben, aber endlich in die Lage kommen, durch ihre Talente, welcher Art sie auch seien, viel zu verdienen, gerathen fast immer in die Einbildung, ihr Talent sei das bleibende Kapital und der Gewinn dadurch die Zinsen. Demgemäß legen sie dann nicht das Erworbene theilweise zurück, um so ein bleibendes Kapital zusammenzubringen: sondern geben aus, in dem Maße, wie sie verdienen. Danach aber werden sie meistens in Armuth gerathen; weil ihr Erwerb stockt, oder aufhört, nachdem entweder das Talent selbst erschöpft ist, indem es vergänglicher Art war, wie z. B. das zu fast allen schönen Künsten, oder auch, weil es nur unter besondern Umständen und Konjunkturen geltend zu machen war, welche aufgehört haben. Handwerker mögen immerhin es auf die besagte Weise halten; weil die Fähigkeiten zu ihren Leistungen nicht leicht verloren gehn, auch durch die Kräfte der Gesellen ersetzt werden, und weil ihre Fabrikate Gegenstände des Bedürfnisses sind, also alle Zeit Abgang finden; weshalb denn auch das Sprichwort „ein Handwerk hat einen goldenen Boden“ richtig ist. Aber nicht so steht es um die Künstler und virtuosi jeder Art. Eben deshalb werden diese theuer bezahlt. Daher aber soll was sie erwerben ihr Kapital werden; während sie, vermessener Weise, es für bloße Zinsen halten und dadurch ihrem Verderben entgegengehn. –

Leute hingegen, welche ererbtes Vermögen besitzen, wissen wenigstens sogleich ganz richtig, was das Kapital und was die

Zinsen sind. Die Meisten werden daher jenes sicher zu stellen suchen, keinesfalls es angreifen, ja, wo möglich, wenigstens 1/8 der Zinsen zurücklegen, künftigen Stockungen zu begegnen. Sie bleiben daher meistens im Wohlstande. – Auf Kaufleute ist diese ganze Bemerkung nicht anwendbar: denn ihnen ist das Geld selbst Mittel zum ferneren Erwerb, gleichsam Handwerksgeräth; daher sie, auch wenn es ganz von ihnen selbst erworben ist, es sich, durch Benutzung, zu erhalten und zu vermehren suchen. Demgemäß ist in keinem Stande der Reichthum so eigentlich zu Hause, wie in diesem.

Ueberhaupt aber wird man, in der Regel, finden, daß Diejenigen, welche schon mit der eigentlichen Noth und dem Mangel handgemein gewesen sind, diese ungleich weniger fürchten und daher zur Verschwendung geneigter sind, als Die, welche solche nur vom Hörensagen kennen. Zu den Ersteren gehören Alle, die durch Glücksfälle irgend einer Art, oder durch besondere Talente, gleichviel welcher Gattung, ziemlich schnell aus der Armuth in den Wohlstand gelangt sind, die Andern hingegen sind Die, welche im Wohlstande geboren und geblieben sind. Diese sind durchgängig mehr auf die Zukunft bedacht und daher ökonomischer, als jene. Man könnte daraus schließen, daß die Noth nicht eine so schlimme Sache wäre, wie sie, von Weitem gesehn, scheint. Doch möchte der wahre Grund vielmehr dieser sein, daß Dem, der in angestammtem Reichthume geboren ist, dieser als etwas Unentbehrliches erscheint, als das Element des einzig möglichen Lebens, so gut wie die Luft; daher er ihn bewahrt wie sein Leben, folglich meistens ordnungsliebend, vorsichtig und sparsam ist. Dem in angestammter Armuth Geborenen hingegen erscheint diese als der natürliche Zustand; der ihm danach irgendwie zugefallene Reichthum aber als etwas Ueberflüssiges, bloß tauglich zum Genießen und Verprassen; indem man, wann er wieder fort ist, sich, so gut wie vorher, ohne ihn behilft und noch eine Sorge los ist. Dazu kommt denn freilich noch, daß solche

Leute ein festes und übergroßes Zutraun theils zum Schicksal, theils zu den eigenen Mitteln, die ihnen schon aus Noth und Armuth herausgeholfen haben, nicht sowohl im Kopf, als im Herzen tragen und daher die Untiefen derselben nicht, wie es wohl den reich Geborenen begegnet, für bodenlos halten, sondern denken, daß man, auf den Boden stoßend, wieder in die Höhe gehoben wird. – Aus dieser menschlichen Eigenthümlichkeit ist es auch zu erklären, daß Frauen, welche arme Mädchen waren, sehr oft anspruchsvoller und verschwenderischer sind, als die, welche eine reiche Aussteuer zubrachten; indem meistentheils die reichen Mädchen nicht bloß Vermögen mitbringen, sondern auch mehr Eifer, ja, angeerbten Trieb zur Erhaltung desselben, als arme.

Ich glaube keineswegs etwas meiner Feder Unwürdiges zu thun, indem ich hier die Sorge für Erhaltung des erworbenen und des ererbten Vermögens anempfehle. Denn von Hause aus so viel zu besitzen, daß man, wäre es auch nur für seine Person und ohne Familie, in wahrer Unabhängigkeit, d. h. ohne zu arbeiten, bequem leben kann, ist ein unschätzbarer Vorzug: denn es ist die Exemtion und die Immunität von der dem menschlichen Leben anhängenden Bedürftigkeit und Plage, also die Emancipation vom allgemeinen Frondienst, diesem naturgemäßen Loose des Erdensohns. Nur unter dieser Begünstigung des Schicksals ist man als ein Wahrer Freier geboren: denn nur so ist man eigentlich sui juris [sein eigener Herr], Herr seiner Zeit und seiner Kräfte, und darf jeden Morgen sagen: „der Tag ist mein." Auch ist ebendeshalb zwischen Dem, der tausend, und Dem, der hundert Tausend Thaler Renten hat, der Unterschied unendlich kleiner, als zwischen Ersterem und Dem, der nichts hat. Seinen höchsten Werth aber erlangt das angeborene Vermögen, wenn es Dem zugefallen ist, der mit geistigen Kräften höherer Art ausgestattet, Bestrebungen verfolgt, die sich mit dem Erwerbe nicht wohl vertragen: denn alsdann ist er vom Schicksal doppelt dotirt und kann jetzt seinem Genius leben; der Menschheit aber wird er seine Schuld dadurch hundertfach abtragen, daß er leistet was kein Andrer konnte und etwas hervorbringt, das ihrer Gesammtheit zu Gute kommt, wohl auch gar ihr zur Ehre gereicht. Ein Anderer nun wieder wird, in so bevorzugter Lage, sich durch philanthropische Bestrebungen um die Menschheit verdient machen. Wer hingegen nichts von dem Allen, auch nur einigermaßen, oder versuchsweise, leistet, ja, nicht ein Mal, durch gründliche Erlernung irgend einer Wissenschaft, sich wenigstens die Möglichkeit eröffnet, dieselbe zu fördern, — ein Solcher ist, bei angeerbtem Vermögen, ein bloßer Tagedieb und verächtlich.

Ganz anders nun aber verhält es sich, wenn der Zweck ist, es im Staatsdienst hoch zu bringen, wo demnach Gunst, Freunde, Verbindungen erworben werden müssen, um durch sie, von Stufe zu Stufe, Beförderung, vielleicht gar bis zu den höchsten Posten, zu erlangen: hier nämlich ist es im Grunde wohl besser, ohne alles Vermögen in die Welt gestoßen zu sein. Besonders wird es Dem, welcher nicht adelig, hingegen mit einigem Talent ausgestattet ist, zum wahren Vortheil und zur Empfehlung gereichen, wenn er ein ganz armer Teufel ist. Denn was Jeder, schon in der bloßen Unterhaltung, wie viel mehr im Dienste, am meisten sucht und liebt, ist die Inferiorität des Andern. Nun aber ist allein ein armer Teufel von seiner gänzlichen, tiefen, entschiedenen und allseitigen Inferiorität und seiner völligen Unbedeutsamkeit und Werthlosigkeit in dem Grade überzeugt und durchdrungen, wie es hier erfordert wird. Nur er demnach verbeugt sich oft und anhaltend genug, und nur seine Bücklinge erreichen volle 90°: nur er läßt Alles über sich ergehn und lächelt dazu; nur er erkennt die gänzliche Werthlosigkeit der Verdienste; nur er preist öffentlich, mit lauter Stimme, oder auch in großem Druck, die litterarischen Stümpereien der über ihn Gestellten, oder sonst Einflußreichen, als Meisterwerke; nur er versteht zu betteln: folglich kann nur er, bei Zeiten, also in der Jugend, sogar ein Epopte jener verborgenen Weisheit werden, die Goethe uns enthüllt hat in den Worten:

Ueber's Niederträchtige
Niemand sich beklage:
Denn es ist das Mächtige,
Was man dir auch sage.
W. O. Divan

Hingegen Der, welcher von Hause aus zu leben hat, wird sich meistens ungebärdig stellen; er ist gewohnt tête levée [erhobenen Hauptes] zu gehn, hat alle jene Künste nicht gelernt, trotzt dazu vielleicht noch auf etwanige Talente, deren Unzulänglichkeit vielmehr, dem médiocre et rampant [mittelmäßig und kriechend] gegenüber, er begreifen sollte; er ist am Ende wohl gar im Stande, die Inferiorität der über ihn Gestellten zu merken; und wenn es nun vollends zu den Indignitäten kommt, da wird er stätisch oder kopfscheu. Damit poussirt man sich nicht in der Welt: vielmehr kann es mit ihm zuletzt dahin kommen, daß er mit dem frechen Voltaire sagt: nous n'avons que deux jours àvivre: ce n'est pas la peine des les passer à ramper sous des coquins méprisables: [wir haben nur zwei Tage zu leben: es ist nicht der Mühe wert, sie damit hinzubringen, daß wir vor verächtlichen Schurken kriechen]: — leider ist, beiläufig gesagt, dieses coquin méprisable ein Prädikat, zu dem es in der Welt verteufelt viele Subjekte giebt. Man sieht also, daß das Juvenalische

Haud facile emergunt, quorum virtutibus abstat
Res angusta domi,
[Hoch zu kommen ist schwer, wo enge Lage im Hause
hemmt die Entfaltung der Kraft]

mehr von der Laufbahn der Virtuositäten, als von der der Weltleute, gültig ist. – Zu Dem, *was Einer hat,* habe ich Frau und Kinder nicht gerechnet; da er von diesen vielmehr gehabt wird. Eher ließen sich Freunde dazu zählen: doch muß auch hier der Besitzende im gleichen Maße der Besitz des Andern sein.

Von dem, was einer vorstellt[+]

Dieses, also unser Dasein in der Meinung Anderer, wird, in Folge einer besonderen Schwäche unserer Natur, durchgängig viel zu hoch angeschlagen; obgleich schon die leichteste Besinnung lehren könnte, daß es, an sich selbst, für unser Glück unwesentlich ist. Es ist demnach kaum erklärlich, wie sehr jeder Mensch sich innerlich freut, so oft er Zeichen der günstigen Meinung Anderer merkt und seiner Eitelkeit irgendwie geschmeichelt wird. So unausbleiblich wie die Katze spinnt, wenn man sie streichelt, malt süße Wonne sich auf das Gesicht des Menschen, den man lobt, und zwar in dem Felde seiner Prätension, sei das Lob auch handgreiflich lügenhaft.

Oft trösten ihn, über reales Unglück, oder über die Kargheit, mit der für ihn die beiden, bis hieher abgehandelten Hauptquellen unsers Glückes fließen, die Zeichen des fremden Beifalls: und, umgekehrt, ist es zum Erstaunen, wie sehr jede Verletzung seines Ehrgeizes, in irgend einem Sinne, Grad, oder Verhältniß, jede Geringschätzung, Zurücksetzung, Nichtachtung ihn unfehlbar kränkt und oft tief schmerzt. Sofern auf dieser Eigenschaft das Gefühl der Ehre beruht, mag sie für das Wohlverhalten Vieler, als Surrogat ihrer Moralität, von ersprießlichen Folgen sein; aber auf das eigene *Glück* des Menschen, zunächst auf die diesem so wesentliche Gemüthsruhe und Unabhängigkeit, wirkt sie mehr störend und nachtheilig, als förderlich ein. Daher ist es, von unserm Gesichtspunkt aus, rathsam, ihr Schranken zu setzen und, mittels gehöriger Ueberlegung und richtiger Abschätzung des Werthes der Güter, jene große Empfindlichkeit gegen die fremde Meinung möglichst zu mäßigen, sowohl da, wo ihr geschmeichelt wird, als da, wo ihr wehe geschieht: denn Beides hängt am selben Faden. Außerdem bleibt man der Sklave fremder Meinung und fremden Bedünkens:

> Sic leve, sic parvum est, animum quod laudis avarum
> Subruit ac reficit.
> [So geringfügig ist, was niederdrückt und erhebet Den,
> der dürstet nach Lob.]

Demnach wird eine richtige Abschätzung des Werthes Dessen, was man in und *für sich* selbst ist, gegen Das, was man bloß in den Augen *Anderer* ist, zu unserm Glück viel beitragen. Zum Ersteren gehört die ganze Ausfüllung der Zeit unsers eigenen Daseins, der innere Gehalt desselben, mithin alle die Güter, welche unter den Titeln „was Einer ist“ und „was Einer hat“ von uns in Betrachtung genommen worden sind. Denn der Ort, in welchem alles Dieses seine Wirkungssphäre hat, ist das eigene Bewußtsein. Hingegen ist der Ort Dessen, was wir *für Andere* sind, das fremde Bewußtsein: es ist die Vorstellung, unter welcher wir darin erscheinen, nebst den Begriffen, die auf diese angewandt werden.* Dies nun ist etwas, das unmittelbar gar nicht für uns vorhanden ist, sondern bloß mittelbar, nämlich sofern das Betragen der Andern gegen uns

* Die höchsten Stände, in ihrem Glanz, in ihrer Pracht und Prunk und Herrlichkeit und Repräsentation jeder Art können sagen: unser Glück liegt ganz außerhalb unserer Selbst: sein Ort sind die Köpfe Anderer.

dadurch bestimmt wird. Und auch Dieses selbst kommt eigentlich nur in Betracht, sofern es Einfluß hat auf irgend etwas, wodurch Das, was wir *in und für uns selbst* sind, modifiziert werden kann.

Außerdem ist ja was in einem fremden Bewußtsein vorgeht, als solches, für uns gleichgültig, und auch wir werden allmälig gleichgültig dagegen werden, wenn wir von der Oberflächlichkeit und Futilität der Gedanken, von der Beschränktheit der Begriffe, von der Kleinlichkeit der Gesinnung, von der Verkehrtheit der Meinungen und von der Anzahl der Irrthümer in den allermeisten Köpfen eine hinlängliche Kenntniß erlangen, und dazu aus eigener Erfahrung lernen, mit welcher Geringschätzung gelegentlich von Jedem geredet wird, sobald man ihn nicht zu fürchten hat, oder glaubt, es komme ihm nicht zu Ohren; insbesondere aber nachdem wir ein Mal angehört haben, wie vom größten Manne ein halbes Dutzend Schafsköpfe mit Wegwerfung spricht. Wir werden dann einsehn, daß, wer auf der Meinung der Menschen einen großen Werth legt ihnen zu viel Ehre erzeigt.

Jedenfalls ist Der auf eine kümmerliche Ressource hingewiesen, der sein Glück nicht in den beiden abgehandelten Klassen von Gütern findet, sondern es in dieser dritten suchen muß, also nicht in Dem, was er wirklich, sondern in Dem, was er in der fremden Vorstellung ist. Denn überhaupt ist die Basis unsers Wesens und folglich auch unsers Glücks unsere animalische Natur. Daher ist, für unsere Wohlfahrt, Gesundheit das Wesentlichste, nächst dieser aber die Mittel zu unserer Erhaltung, also ein sorgenfreies Auskommen.

Ehre, Glanz, Rang, Ruhm, so viel Werth auch Mancher darauf legen mag, können mit jenen wesentlichen Gütern nicht kompetiren, noch sie ersetzen: vielmehr würden sie, erforderlichen Falls, unbedenklich für jene hingegeben werden. Dieserwegen wird es zu unserm Glücke beitragen, wenn wir bei Zeiten die simple Einsicht erlangen, daß Jeder zunächst und wirklich in seiner eigenen Haut lebt, nicht aber in der Meinung Anderer, und daß demnach unser realer und persönlicher Zustand, wie er durch Gesundheit, Temperament, Fähigkeiten, Einkommen, Weib, Kind, Freunde, Wohnort u. s. w. bestimmt wird, für unser Glück hundert Mal wichtiger ist, als was es Andern beliebt aus uns zu machen. Der entgegengesetzte Wahn macht unglücklich. Wird mit Emphase ausgerufen „über's Leben geht noch die Ehre", so besagt dies eigentlich: „Dasein und Wohlsein sind nichts; sondern was die Andern von uns denken, das ist die Sache". Allenfalls kann der Ausspruch als eine Hyperbel gelten, der die prosaische Wahrheit zum Grunde liegt, daß unserm Fortkommen und Bestehn unter Menschen die Ehre, d. h. die Meinung derselben von uns, oft unumgänglich nöthig ist; worauf ich weiterhin zurückkommen werde. Wenn man hingegen sieht, wie fast Alles, wonach Menschen, ihr Leben lang, mit rastloser Anstrengung und unter Tausend Gefahren und Mühseligkeiten, unermüdlich streben, zum letzten Zwecke hat, sich dadurch in der Meinung Anderer zu erhöhen, indem nämlich nicht nur Aemter, Titel und Orden, sondern auch Reichthum, und selbst Wissenschaft* und Kunst, im Grunde und hauptsächlich deshalb angestrebt werden, und der größere Respekt Anderer das letzte Ziel ist, darauf man hinarbeitet; so beweist Dies leider nur die Größe der menschlichen Thorheit. Viel zu viel Werth auf die Meinung Anderer zu legen ist ein allgemein herrschender Irrwahn: mag er nun in unserer Natur selbst wurzeln, oder in Folge der Gesellschaft und Civilisation entstanden sein; jedenfalls übt er auf unser gesammtes Thun und Lassen einen ganz übermäßigen und unserm Glücke feindlichen Einfluß aus, den wir verfolgen können, von da an, wo er sich in der ängstlichen und sklavischen Rücksicht auf das qu'en dira-t-on [was wird man dazu sagen] zeigt, bis dahin, wo er den Dolch des Virgi-

* Scire tuum nihil est, nisi te scire hoc sciat alter. [Wertlos ist, was du weißt, wenn nicht auch andere wissen, daß du es weißt.]

nius in das Herz seiner Tochter stößt, oder den Menschen verleitet, für den Nachruhm, Ruhe, Reichthum und Gesundheit, ja, das Leben zu opfern. Dieser Wahn bietet allerdings Dem, der die Menschen zu beherrschen, oder sonst zu lenken hat, eine bequeme Handhabe dar; weshalb in jeder Art von Menschendressirungskunst die Weisung, das Ehrgefühl rege zu erhalten und zu schärfen, eine Hauptstelle einnimmt: aber in Hinsicht auf das eigene Glück des Menschen, welches hier unsere Absicht ist, verhält die Sache sich ganz anders, und ist vielmehr davon abzumahnen, daß man nicht zu viel Werth auf die Meinung Anderer lege.

Bei Allem, was wir thun und lassen, wird, fast vor allem Andern, die fremde Meinung berücksichtigt, und aus der Sorge um sie werden wir, bei genauer Untersuchung, fast die Hälfte alle Bekümmernisse und Aengste, die wir jemals empfunden haben, hervorgegangen sehn. Denn sie liegt allem unserm, so oft gekränkten, weil so krankhaft empfindlichen, Selbstgefühl, allen unsern Eitelkeiten und Prätensionen, wie auch unserm Prunken und Großthun, zum Grunde.

Ohne diese Sorge und Sucht würde der Luxus kaum 1/10 dessen sein, was er ist. Aller und jeder Stolz, Point d'honneur und puntiglio [das Ehrgefühl], so verschiedener Gattung und Sphäre er auch sein kann, beruht auf ihr, – und welche Opfer heischt sie da nicht oft! Sie zeigt sich schon im Kinde, sodann in jedem Lebensalter, jedoch am stärksten im späten; weil dann, beim Versiegen der Fähigkeit zu sinnlichen Genüssen, Eitelkeit und Hochmuth nur noch mit dem Geize die Herrschaft zu theilen haben.

Offenbar nun könnte zu unserm Glücke, als welches allergrößtentheils auf Gemüthsruhe und Zufriedenheit beruht, kaum irgend etwas so viel beitragen, als die Einschränkung und Herabstimmung dieser Triebfeder auf ihr vernünftig zu rechtfertigendes Maaß, welches vielleicht 1/50 des gegenwärtigen sein wird, also das Herausziehn dieses immerfort peinigenden Stachels aus unserm Fleisch. Dies ist jedoch sehr schwer: denn wir haben es mit einer natürlichen und angeborenen Verkehrtheit zu thun. Etiam sapientibus cupido gloriae novissima exuitur [Die Ruhmsucht wird auch von den Weisen zuallerletzt abgelegt], sagt Tacitus (hist. IV, 6.).

Die hier geschilderte Thorheit unsrer Natur treibt hauptsächlich drei Sprößlinge: Ehrgeiz, Eitelkeit und Stolz. Zwischen diesen zwei letzteren beruht der Unterschied darauf, daß *der Stolz* die bereits feststehende Ueberzeugung vom eigenen überwiegenden Werthe, in irgend einer Hinsicht, ist; *Eitelkeit* hingegen der Wunsch, in Andern eine solche Ueberzeugung zu erwecken, meistens begleitet von der stillen Hoffnung, sie, in Folge davon, auch selbst zu der seinigen machen zu können. Demnach ist Stolz die von *innen* ausgehende, folglich direkte Hochschätzung seiner selbst; hingegen Eitelkeit das Streben, solche von *außen* her, also indirekt zu erlangen. Dem entsprechend macht die Eitelkeit gesprächig, der Stolz schweigsam. Aber der Eitele sollte wissen, daß die hohe Meinung Anderer, nach der er trachtet, sehr viel leichter und sicherer durch anhaltendes Schweigen zu erlangen ist, als durch Sprechen, auch wenn Einer die schönsten Dinge zu sagen hätte. –

Die wohlfeilste Art des Stolzes hingegen ist der Nationalstolz. Denn er verräth in dem damit Behafteten den Mangel an *individuellen* Eigenschaften, auf die er stolz sein könnte, indem er sonst nicht zu Dem greifen würde, was er mit so vielen Millionen theilt. Wer bedeutende persönliche Vorzüge besitzt, wird vielmehr die Fehler seiner eigenen Nation, da er sie beständig vor Augen hat, am deutlichsten erkennen.

Uebrigens überwiegt die Individualität bei Weitem die Nationalität, und in einem gegebenen Menschen verdient jene tausend Mal mehr Berücksichtigung, als diese. Dem Nationalcharakter wird, da er von der Menge redet, nie viel Gutes ehrlicherweise nachzurühmen sein. Vielmehr erscheint nur die menschliche Beschränktheit, Verkehrtheit und Schlechtigkeit in jedem Lande in einer andern Form und diese nennt man den Nationalcharakter. Von *einem* derselben degoutirt loben wir den andern, bis es uns mit ihm eben so ergangen ist. – Jede Nation spottet über die andere, und alle haben Recht. – Der Gegenstand dieses Kapitels, also was wir in der Welt *vorstellen,* d. h. in den Augen Anderer sind, läßt sich nun, wie schon oben bemerkt, eintheilen in *Ehre, Rang und Ruhm.*

Der *Rang,* so wichtig er in den Augen des großen Haufens und der Philister, und so groß sein Nutzen im Getriebe der Staatsmaschine sein mag, läßt sich, für unsern Zweck, mit wenigen Worten abfertigen. Es ist ein konventioneller, d. h. eigentlich ein simulirter Werth; seine Wirkung ist eine simulirte Hochachtung, und das ganze eine Komödie für den großen Haufen – Orden sind Wechselbriefe, gezogen auf die öffentliche Meinung: ihr Werth beruht auf dem Kredit des Ausstellers. Inzwischen sind sie, auch ganz abgesehen von dem vielen Gelde, welches sie, als Substitut pekuniärer Belohnungen, dem Staat ersparen, eine ganz zweckmäßige Einrichtung; vorausgesetzt, daß ihre Vertheilung mit Einsicht und Gerechtigkeit geschehe. Der große Haufe nämlich hat Augen und Ohren, aber nicht viel mehr, zumal blutwenig Urtheilskraft und selbst wenig Gedächtniß. Manche Verdienste liegen ganz außerhalb der Sphäre seines Verständnisses, andere versteht und bejubelt er, bei ihrem Eintritt, hat sie aber nachher bald vergessen. Da finde ich es ganz passend, durch Kreuz oder Stern, der Menge jederzeit und überall zuzurufen: „der Mann ist nicht eures Gleichen: er hat Verdienste!“ Durch ungerechte, oder urtheilslose, oder übermäßige Vertheilung verlieren aber die Orden diesen Werth; daher ein Fürst mit ihrer Ertheilung so vorsichtig sein sollte, wie ein Kaufmann mit dem Unterschreiben der Wechsel. Die Inschrift pour le mérite auf einem Kreuze ist ein Pleonasmus: jeder Orden sollte pour le mérite [für das Verdienst] sein, — ça va sans dire [ohne daß man es besonders sagen muß].

Viel schwerer und weitläufiger, als die des Ranges, ist die Erörterung der *Ehre.* Zuvörderst hätten wir sie zu definiren. Wenn ich nun in dieser Absicht etwan sagte: die Ehre ist das äußere Gewissen und das Gewissen die innere Ehre; — so könnte Dies vielleicht Manchem gefallen; würde jedoch mehr eine glänzende als eine deutliche und gründliche Erklärung sein. Daher sage ich die Ehre ist, objektiv, die Meinung Anderer von unserm Werth und subjektiv, unsere Furcht vor dieser Meinung. In letzterer Eigenschaft hat sie oft eine sehr heilsame, wenn auch keineswegs rein moralische Wirkung, — im Mann von Ehre.

Der Mensch für sich allein vermag gar wenig und ist ein verlassener Robinson: nur in der Gemeinschaft mit den andern ist und vermag er viel. Dieses Verhältnisses wird er inne, sobald sein Bewußtsein sich irgend zu entwickeln anfängt, und alsbald entsteht in ihm das Bestreben, für ein taugliches Mitglied der menschlichen Gesellschaft zu gelten, also für eines, das fähig ist, pro parte virili [als vollgültiger Mensch] mitzuwirken, und dadurch berechtigt, der Vortheile der menschlichen Gemeinschaft theilhaft zu werden. Ein solches nun ist er dadurch, daß er, erstlich, Das leistet, was man von Jedem überall und sodann Das, was man von ihm in der besondern Stelle, die er eingenommen hat, fordert und erwartet. Eben so bald erkennt er, daß es hiebei nicht darauf ankommt, daß er es in seiner eigenen, sondern daß er es in der Meinung des Anderen sei. Hieraus entspringt demnach sein eifriges Streben nach der günstigen *Meinung* Anderer und der hohe Werth, den er auf diese legt: Beides zeigt sich mit der Ursprünglichkeit eines angeborenen Gefühls, welches man Ehrgefühl und, nach Umständen, Gefühl der Scham (verecundia) nennt. Dieses ist es, was seine Wangen röthet, sobald er glaubt, plötzlich in der Meinung Anderer verlieren zu müssen, selbst wo er sich unschuldig weiß; sogar da, wo der sich aufdeckende Mangel eine nur relative, nämlich willkürlich übernommene Verpflichtung betrifft: und andrerseits stärkt nichts seinen Lebensmuth mehr, als die erlangte, oder erneuerte Gewißheit von der günstigen Meinung Anderer; weil sie ihm den Schutz und die Hülfe der vereinten Kräfte Aller verspricht, welche eine unendlich größere Wehrmauer gegen die Uebel des Lebens sind, als seine eigenen.

Aus den verschiedenen Beziehungen, in denen der Mensch zu Andern stehen kann und in Hinsicht auf welche sie Zutrauen zu ihm, also eine gewisse gute Meinung von ihm, zu hegen haben, entstehn mehrere *Arten der Ehre.* Diese Beziehungen sind hauptsächlich das Mein und Dein, sodann die Leistungen der Anheischigen, endlich das Sexualverhältniß; ihnen entsprechen die bürgerliche Ehre, die Amtsehre und die Sexualehre, jede von welchen noch wieder Unterarten hat.

Die weiteste Sphäre hat die *bürgerliche Ehre:* sie besteht in der Voraussetzung, daß wir die Rechte eines Jeden unbedingt achten und uns nie ungerechter, oder gesetzlich unerlaubter Mittel zu unserm Vortheile bedienen werden. Sie ist die Bedingung zur Theilnahme an allem friedlichen Verkehr. Sie geht verloren durch eine einzige offenbar und stark dawider laufende Handlung, folglich auch durch jede Kriminalstrafe; wiewohl nur unter Voraussetzung der Gerechtigkeit derselben. Immer aber beruht die Ehre, in ihrem letzten Grunde, auf der Ueberzeugung von der Unveränderlichkeit des moralischen Charakters, vermöge welcher eine einzige schlechte Handlung die gleiche moralische Beschaffenheit aller folgenden, sobald ähnliche Umstände eintreten werden, verbürgt: dies bezeugt auch der Englische Ausdruck character für Ruf, Reputation, Ehre. Deshalb eben ist die verlorene Ehre nicht wieder herzustellen; es sei denn, daß der Verlust auf Täuschung, wie Verläumdung, oder falschem Schein, beruht hätte.

Zwei Dinge sind es hauptsächlich, welche den gesellschaftlichen Zustand der neuen Zeit von dem des Alterthums, zum Nachtheil des ersteren unterscheiden, indem sie demselben einen ernsten, finstern Anstrich gegeben haben, von welchem frei das Alterthum heiter und unbefangen, wie der Morgen des Lebens, dasteht. Sie sind: das ritterliche Ehrenprincip und die venerische Krankheit, — par nobile fratrum! [ein edles Brüderpaar!] Die venerische Krankheit nämlich erstreckt ihren Einfluß viel weiter, als es auf den ersten Blick scheinen möchte, indem derselbe keineswegs ein bloß physischer, sondern auch ein moralischer ist. Seitdem Amors Köcher auch vergiftete Pfeile führt, ist in das Verhältniß der Geschlechter zu einander ein fremdartiges, feindseliges, ja teuflisches Element gekommen; in Folge wovon ein finsteres und furchtsames Mißtrauen es durchzieht; und der mittelbare Einfluß einer solchen Aenderung in der Grundfeste aller menschlichen Gemeinschaft erstreckt sich, mehr oder weniger, auch auf die übrigen geselligen Verhältnisse; welches auseinanderzusetzen mich hier zu weit abführen würde. — Analog wiewohl ganz anderartig, ist der Einfluß des ritterlichen Ehrenprincips, dieser ernsthaften Posse, welche den Alten fremd war, hingegen die moderne Gesellschaft steif, ernst und ängstlich macht, schon weil jede flüchtige Aeußerung skrutinirt und ruminirt wird. Aber mehr als Dies! Jenes Princip ist ein allgemeiner Minotaur, dem nicht, wie dem antiken, von einem, sondern von jedem Lande in Europa, alljährlich eine Anzahl Söhne edeler Häuser zum Tribut gebracht werden muß. Daher ist es an der Zeit, daß diesem Popanz ein Mal kühn zu Leibe gegangen werde, wie hier geschehn. Möchten doch beide Monstra der neueren Zeit im 19. Jahrhundert ihr Ende finden! Wir wollen die Hoffnung nicht aufgeben, daß es mit dem ersteren den Aerzten, mittels der Prophylaktika, endlich doch noch gelingen werde. Den *Popanz* aber abzuthun ist Sache des Philosophen, mittelst Berichtigung der Begriffe, da es den Regierungen mittelst Handhabung der Gesetze, bisher nicht hat gelingen wollen, zudem auch nur auf dem ersteren Wege das Uebel an der Wurzel angegriffen wird.

Sechstes Kapitel

Vom Unterschiede der Lebensalter+

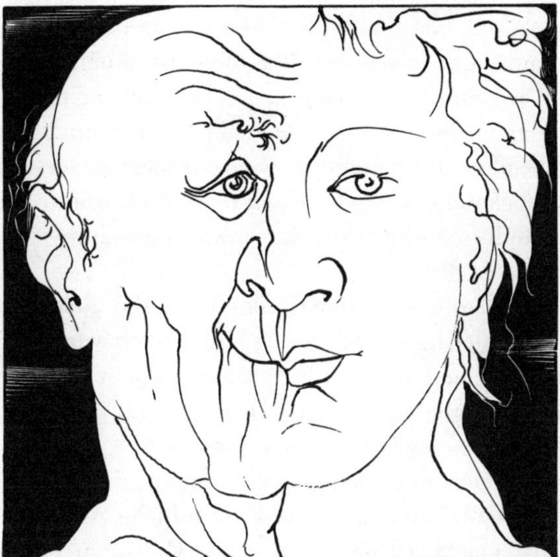

Wie man auf einem Schiffe befindlich,
sein Vorwärtskommen nur am Zurückweichen
und demnach Kleinerwerden der
Gegenstände auf dem Ufer bemerkt,
so wird man sein Alt- und älterwerden
daran inne, daß Leute von immer
höheren Jahren
Einem jung vorkommen.

Morgenröte

Unser ganzes Leben hindurch haben wir immer nur die *Gegenwart* inne, und nie mehr. Was dieselbe unterscheidet ist bloß, daß wir am Anfang eine lange Zukunft vor uns, gegen das Ende aber eine lange Vergangenheit hinter uns sehn; sodann, daß unser Temperament, wiewohl nicht unser Charakter, einige bekannte Veränderungen durchgeht, wodurch jedes Mal eine andere Färbung der Gegenwart entsteht. –

Wie im Anfange des Frühlings alles Laub die gleiche Farbe und fast die gleiche Gestalt hat; so sind auch wir, in früher Kindheit, alle einander ähnlich, harmoniren daher vortrefflich. Aber mit der Pubertät fängt die Divergenz an und wird, wie die der Radien eines Cirkels, immer größer.

Was nun den Rest der ersten Lebenshälfte, die so viele Vorzüge vor der zweiten hat, also das jugendliche Alter, trübt, ja unglücklich macht, ist das Jagen nach Glück, in der festen Voraussetzung, es müsse im Leben anzutreffen sein. Daraus entspringt die fortwährend getäuschte Hoffnung und aus dieser die Unzufriedenheit. Gaukelnde Bilder eines geträumten, unbestimmten Glückes schweben, unter kaprizios gewählten Gestalten, uns vor, und wir suchen vergebens ihr Urbild. Daher sind wir in unsern Jünglingsjahren mit unserer Lage und Umgebung, welche sie auch sei, meistens unzufrieden; weil wir ihr zuschreiben, was der Leerheit und Armseligkeit des menschlichen Lebens überall zukommt, und mit der wir jetzt die erste Bekanntschaft machen, nachdem wir ganz andere Dinge erwartet hatten. –

Man hätte viel gewonnen, wenn man, durch zeitige Belehrung, den Wahn, daß in der Welt Viel zu holen sei, in den

Jünglingen ausrotten könnte. Aber das Umgekehrte geschieht dadurch, daß meistens uns das Leben früher durch die Dichtung, als durch die Wirklichkeit bekannt wird. Die von jener geschilderten Scenen prangen, im Morgenroth unserer eigenen Jugend, vor unserm Blick, und nun peinigt uns die Sehnsucht, sie verwirklicht zu sehn, – den Regenbogen zu fassen. Der Jüngling erwartet seinen Lebenslauf in Form eines interessanten Romans.

Ist sonach der Charakter der ersten Lebenshälfte unbefriedigte Sehnsucht nach Glück; so ist der der zweiten Besorgniß vor Unglück. Denn mit ihr ist, mehr oder weniger deutlich, die Erkenntniß eingetreten, daß alles Glück chimmärisch, hingegen das Leiden real sei. Jetzt wird daher, wenigstens von den vernünftigeren Charakteren, mehr bloße Schmerzlosigkeit und ein unangefochtener Zustand, als Genuß angestrebt.* – Wenn, in meinen Jünglingsjahren, es an meiner Thür schellte, wurde ich vergnügt: denn ich dachte, nun käme es. Aber in spätern Jahren hatte meine Empfindung, bei demselben Anlaß, vielmehr etwas dem Schrecken Verwandtes: ich dachte: „da kommt's." –

Was der gereifte Mann durch die Erfahrung seines Lebens erlangt hat und wodurch er die Welt anders sieht, als der Jüngling oder Knabe, ist zunächst *Unbefangenheit.* Er allererst sieht die Dinge ganz einfach und nimmt sie für Das, was sie sind; während dem Knaben und Jüngling ein Trugbild, zusammengesetzt aus selbstgeschaffenen Grillen, überkommenen Vorurtheilen und seltsamen Phantasien, die wahre Welt bedeckte, oder verzerrte. Denn das Erste, was die Erfahrung zu thun vorfindet, ist uns von den Hirngespinnsten und falschen Begriffen zu befreien, welche sich in der Jugend angesetzt ha-

* Im Alter versteht man besser die Unglücksfälle zu verhüten; in der Jugend, sie zu ertragen.

ben. Vor diesen das jugendliche Alter zu bewahren, wäre allerdings die beste Erziehung, wenn gleich nur eine negative; sie ist aber sehr schwer. Man müßte zu diesem Zwecke, den Gesichtskreis des Kindes Anfangs möglichst enge halten, innerhalb desselben jedoch ihm lauter deutliche und richtige Begriffe beibringen, und erst nachdem es alles darin Gelegene richtig erkannt hätte, denselben allmälig erweitern, stets dafür sorgend, daß nichts Dunkeles, auch nichts halb oder schief Verstandenes, zurück bliebe. In Folge hievon würden seine Begriffe von Dingen und menschlichen Verhältnissen, immer noch beschränkt und sehr einfach, dafür aber deutlich und richtig sein, so daß sie stets nur der Erweiterung, nicht der Berichtigung bedürften; und so fort bis ins Jünglingsalter hinein. Diese Methode erfordert insbesondere, daß man keine Romane zu lesen erlaube, sondern sie durch angemessene Biographien ersetze, wie z. B. die *Franklin's,* den Anton Reiser von *Moritz* u. dgl. –

Wann wir jung sind, vermeinen wir, daß die in unserm Lebenslauf wichtigen und folgenreichen Begebenheiten und Personen mit Pauken und Trompeten auftreten werden: im Alter zeigt jedoch die retrospektive Betrachtung, daß sie alle ganz still, durch die Hinterthür und fast unbeachtet hereingeschlichen sind. –

Man kann ferner, in der bis hierher betrachteten Hinsicht, das Leben mit einem gestickten Stoffe vergleichen, von welchem Jeder, in der ersten Hälfte seiner Zeit, die rechte, in der zweiten aber die Kehrseite zu sehn bekäme: letztere ist nicht so schön, aber lehrreicher; weil sie den Zusammenhang der Fäden erkennen läßt. –

Die geistige Ueberlegenheit, sogar die größte, wird, in der Konversation, ihr entschiedenes Uebergewicht erst nach dem vierzigsten Jahre geltend machen. Denn die Reife der Jahre und die Frucht der Erfahrung kann durch jene wohl vielfach übertroffen, jedoch nie ersetzt werden: sie aber giebt auch dem gewöhnlichsten Menschen ein gewisses Gegengewicht gegen die Kräfte des größten Geistes, so lange dieser jung ist. Ich meine hier bloß das Persönliche, nicht die Werke. Jeder irgend vorzügliche Mensch, jeder, der nur nicht zu den von der Natur so traurig dotirten 5/6 der Menschheit gehört, wird, nach dem vierzigsten Jahre, von einem gewissen Anfluge von Misanthropie schwerlich frei bleiben. Denn er hatte, wie es natürlich ist, von sich auf Andere geschlossen und ist allmälig enttäuscht worden, hat eingesehn, daß sie entweder von der Seite des Kopfes, oder des Herzens, meistens sogar Beider, ihm in Rückstand bleiben und nicht quitt mit ihm werden; weshalb er sich mit ihnen einzulassen gern vermeidet; wie denn überhaupt Jeder nach Maßgabe seines inneren Werthes die Einsamkeit, d. h. seine eigene Gesellschaft, lieben oder hassen wird.

Die Heiterkeit und der Lebensmuth unserer Jugend beruht zum Theil darauf, daß wir, bergauf gehend, den Tod nicht sehn; weil er am Fuß der andern Seite des Berges liegt. Haben wir aber den Gipfel überschritten, dann werden wir den *Tod*, welchen wir bis dahin nur vom Hörensagen kannten, wirklich ansichtig, wodurch, da zu derselben Zeit die Lebenskraft zu ebben beginnt, auch der Lebensmuth sinkt; so daß jetzt ein trüber Ernst den jugendlichen Uebermuth verdrängt und auch dem Gesichte sich aufdrückt. So lange wir jung sind, man mag uns sagen, was man will, halten wir das Leben für endlos und gehn danach mit der Zeit um. Je älter wir werden, desto mehr ökonomisiren wir unsere Zeit. Denn im spätern Alter erregt jeder verlebte Tag eine Empfindung, welche der verwandt ist, die bei jedem Schritt ein zum Hochgericht geführter Delinquent hat.

Die entflohene Zeit

Man muß alt geworden sein, also lange gelebt haben, um zu erkennen, wie kurz das Leben ist. – Je älter man wird, desto kleiner erscheinen die menschlichen Dinge sammt und sonders: das Leben, welches in der Jugend als fest und stabil vor uns stand, zeigt sich uns jetzt als die rasche Flucht ephemerer Erscheinungen: die Nichtigkeit des Ganzen tritt hervor. – Die Zeit selbst hat in unserer Jugend einen viel langsameren Schritt; daher das erste Viertel unsers Lebens nicht nur das glücklichste, sondern auch das längste ist, so daß es viel mehr Erinnerungen zurückläßt, und Jeder, wenn es darauf ankäme, aus demselben mehr zu erzählen wissen würde, als aus zweien der folgenden. Sogar werden, wie im Frühling des Jahres so auch in dem des Lebens, die Tage zuletzt von einer lästigen Länge. Im Herbste Beider werden sie kurz, aber heiterer und beständiger.

Warum nun aber erblickt man, im Alter, das Leben, welches man hinter sich hat, so kurz? Weil man es für so kurz hält, wie die Erinnerung desselben ist. Aus dieser nämlich ist alles Unbedeutende und viel Unangenehmes herausgefallen, daher wenig übrig geblieben. Denn, wie unser Intellekt überhaupt sehr unvollkommen ist, so auch das Gedächtniß: das Gelernte muß geübt, das Vergangene ruminirt werden, wenn nicht Beides allmälig in den Abgrund der Vergessenheit versinken soll. Nun aber pflegen wir nicht das Unbedeutende, auch meistens nicht das Unangenehme zu ruminiren; was doch nöthig wäre, um es im Gedächtnis aufzubewahren. Des Unbedeutenden wird aber immer mehr: denn durch die öftere und endlich zahllose Wiederkehr wird Vielerlei, das Anfangs uns bedeutend erschien, allmälig unbedeutend; daher wir uns der früheren Jahre besser, als der späteren erinnern. Je länger wir nun leben, desto wenigere Vorgänge scheinen uns wichtig, oder bedeutend genug, um hinterher noch ruminirt zu werden, wodurch allein sie im Gedächtniß sich fixiren könnten: sie werden also vergessen, sobald sie vorüber sind. So läuft denn die Zeit immer spurloser ab. –

Nun ferner das Unangenehme ruminiren wir nicht gern, am wenigsten aber dann, wann es unsere Eitelkeit verwundet, welches sogar meistens der Fall ist; weil wenige Leiden uns ganz ohne unsere Schuld getroffen haben. Daher also wird ebenfalls viel Unangenehmes vergessen. Beide Ausfälle nun sind es, die unsere Erinnerung so kurz machen, und verhältnismäßig immer kürzer, je länger ihr Stoff wird. Wie die Gegenstände auf dem Ufer, von welchem man zu Schiffe sich entfernt, immer kleiner, unkenntlicher und schwerer zu unterscheiden werden; so unsere vergangenen Jahre, mit ihren Erlebnissen und ihrem Thun. Hiezu kommt, daß bisweilen Erinnerung und Phantasie uns eine längst vergangene Scene unseres Lebens so lebhaft vergegenwärtigen, wie den gestrigen Tag; wodurch sie dann ganz nahe an uns herantritt: dies entsteht dadurch, daß es unmöglich ist, die lange zwischen jetzt und damals verstrichene Zeit uns ebenso zu vergegenwärtigen, indem sie sich nicht so in Einem Bilde überschauen läßt, und überdies auch die Vorgänge in derselben größtentheils vergessen sind, und bloß eine allgemeine Erkenntniß in abstracto von ihr übrig geblieben ist, ein bloßer Begriff, keine Anschauung. Daher nun also erscheint das längst Vergangene im Einzelnen uns so nahe, als wäre es erst gestern gewesen, die dazwischen liegende Zeit aber verschwindet und das ganze Leben stellt sich als unbegreiflich kurz dar. Sogar kann bisweilen im Alter die lange Vergangenheit, die wir hinter uns haben, und damit unser eigenes Alter, im Augenblick uns beinahe fabelhaft vorkommen; welches hauptsächlich dadurch entsteht, daß wir zunächst noch immer dieselbe, stehende Gegenwart vor uns sehn. Dergleichen innere Vorgänge beruhen aber zuletzt darauf, daß nicht unser Wesen an sich selbst, sondern nur die Erscheinung desselben in der Zeit liegt, und daß die Gegenwart der Berührungspunkt zwischen Objekt und Subjekt ist. –

Und warum nun wieder erblickt man in der Jugend das Leben, welches man noch vor sich hat, so unabsehbar lang? Weil man Platz haben muß für die grenzenlosen Hoffnungen, mit denen man es bevölkert, und zu deren Verwirklichung Methusalem zu jung stürbe; sodann weil man zum Maßstabe desselben die wenigen Jahre nimmt, welche man schon hinter sich hat, und deren Erinnerung stets stoffreich, folglich lang ist, indem die Neuheit Alles bedeutend erscheinen ließ, weshalb es hinterher noch ruminirt, also oft in der Erinnerung wiederholt und dadurch ihr eingeprägt wurde.

Lebenskraft

Ein hohes Alter zu erreichen, giebt es, bei fehlerfreier Konstitution, als conditio sine qua non [unerläßliche Bedingung], zwei Wege, die man am Brennen zweier Lampen erläutern kann: die eine brennt lange, weil sie, bei wenigem Oel, einen sehr dünnen Docht hat; die andere, weil sie, zu einem starken Docht, auch viel Oel hat: das Oel ist die Lebenskraft, der Docht der Verbrauch derselben, auf jede Art und Weise.

Hinsichtlich der *Lebenskraft* sind wir bis zum 36sten Jahre, Denen zu vergleichen, welche von ihren Zinsen leben: was heute ausgegeben wird ist morgen wieder da. Aber von jenem

Zeitpunkt an ist unser Analogon der Rentenier, welcher anfängt, sein Kapital anzugreifen. Im Anfang ist die Sache gar nicht merklich: der größte Theil der Ausgabe stellt sich immer noch von selbst wieder her: ein geringes Deficit dabei wird nicht beachtet. Dieses wächst allmälig, wird merklich, seine Zunahme selbst nimmt mit jedem Tage zu: sie reißt immer mehr ein, jedes Heute ist ärmer, als das Gestern, ohne Hoffnung auf Stillstand. So beschleunigt sich, wie der Fall der Körper, die Abnahme immer mehr, – bis zuletzt nichts mehr übrig ist. Ein gar trauriger Fall ist es, wenn beide hier Verglichene, Lebenskraft und Eigenthum wirklich zusammen im Wegschmelzen begriffen sind: daher eben wächst mit dem Alter die Liebe zum Besitze. – Hingegen Anfangs, bis zur Volljährigkeit und noch etwas darüber hinaus, gleichen wir, hinsichtlich der Lebenskraft, Denen, welche von den Zinsen noch etwas zum Kapitale legen: nicht nur das Ausgegebene stellt sich von selbst wieder ein, sondern das Kapital wächst. Und wieder ist auch Dieses bisweilen, durch die Fürsorge eines redlichen Vormundes, zugleich mit dem Gelde der Fall. O glückliche Jugend: o trauriges Alter! – Nichtsdestoweniger soll man die Jugendkräfte schonen. Aristoteles bemerkt (Polit. L. ult. c. 5), daß von den Olympischen Siegern nur zwei oder drei ein Mal als Knaben und dann wieder als Männer gesiegt hätten; weil durch die frühe Anstrengung, welche die Vorübung erfordert, die Kräfte so erschöpft werden, daß sie nachmals, im Mannesalter, fehlen. Wie Dies von der Muskelkraft gilt, so noch mehr von der Nervenkraft, deren Aeußerung alle intellektuelle Leistungen sind: daher werden die ingenia praecocia, die Wunderkinder, die Früchte der Treibhauserziehung, welche als Knaben Erstaunen erregen, nachmals sehr gewöhnliche Köpfe. Sogar mag die frühe, erzwungene Anstrengung zur Erlernung der alten Sprachen Schuld haben an der nachmaligen Lahmheit und Urtheilslosigkeit so vieler gelehrter Köpfe. –

Ich habe die Bemerkung gemacht, daß der Charakter fast jedes Menschen Einem Lebensalter vorzugsweise angemessen zu sein scheint; so daß er in diesem sich vortheilhafter ausnimmt. Einige sind liebenswürdige Jünglinge, und dann ist's vorbei; Andere kräftige, thätige Männer, denen das Alter allen Werth raubt; Manche stellen sich am vortheilhaftesten im Alter dar, als wo sie milder, weil erfahrener und gelassener sind; Dies ist oft bei Franzosen der Fall. Die Sache muß darauf beruhen, daß der Charakter selbst etwas Jugendliches, Männliches, oder Aeltliches an sich hat, womit das jedesmalige Lebensalter übereinstimmt, oder als Korrektiv entgegenwirkt.

Die besten Jahre

Je älter man wird, mit desto wenigerem Bewußtsein lebt man: die Dinge eilen vorüber, ohne Eindruck zu machen: wie das Kunstwerk, welches man tausend Mal gesehen hat, keinen macht: man thut was man zu thun hat, und weiß hinterher nicht, ob man es gethan. Indem nun also das Leben immer unbewußter wird, je mehr es der gänzlichen Bewußtlosigkeit zueilt, so wird eben dadurch der Lauf der Zeit auch immer schleuniger. In der Kindheit bringt die Neuheit aller Gegenstände und Begebenheiten Jegliches zum Bewußtsein: daher ist der Tag unabsehbar lang. Das Selbe widerfährt uns auf Reisen, wo deshalb *ein* Monat länger erscheint, als vier zu Hause.

Diese Neuheit der Dinge verhindert jedoch nicht, daß die, in beiden Fällen, länger scheinende Zeit uns auch in beiden oft wirklich „lang wird“, mehr als im Alter, oder mehr als zu Hause. Allmälig aber wird, durch die lange Gewohnheit derselben Wahrnehmungen, der Intellekt so abgeschliffen, daß immer mehr Alles wirkungslos darüber hingleitet; wodurch dann die Tage immer unbedeutender und dadurch kürzer werden: die Stunden des Knaben sind länger, als die Tage des Alten.

Diese Verschiedenheit in der Geschwindigkeit der Zeit hat auf die ganze Art unseres Daseins in jedem Lebensalter den entschiedensten Einfluß. Zunächst bewirkt sie, daß das Kindesalter, wenn auch nur etwan 15 Jahre umfassend, doch die längste Zeit des Lebens, und daher die reichste an Erinnerungen ist; sodann daß wir durchweg der Langenweile im umgekehrten Verhältnis unseres Alters unterworfen sind: Kinder bedürfen ständig des Zeitvertreibs, sei er im Spiel oder Arbeit; stockt er, so ergreift sie augenblicklich entsetzliche Langeweile. Auch Jünglinge sind ihr noch sehr unterworfen und sehn mit Besorgnis auf unausgefüllte Stunden. Im männlichen Alter schwindet die Langeweile mehr und mehr: Greisen wird die Zeit stets zu kurz und die Tage fliehen pfeilschnell vorüber. Versteht sich, daß ich von Menschen, nicht von altgewordenem Vieh rede. Durch diese Beschleunigung des Laufes der Zeit fällt also in unsern spätern Jahren meistens die Langeweile weg, und da andrerseits auch die Leidenschaften, mit ihrer Qual, verstummen; so ist, wenn nur die Gesundheit sich erhalten hat, im Ganzen genommen, die Last des Lebens wirklich geringer, als in der Jugend: daher nennt man den Zeitraum, welcher dem Eintritt der Schwäche und der Beschwerden des höheren Alters vorhergeht, „die besten Jahre“. In Hinsicht auf unser Wohlbehagen mögen sie es wirklich sein: hingegen bleibt den Jugendjahren, als wo Alles Eindruck macht und Jedes lebhaft ins Bewußtsein tritt, der Vorzug, die befruchtende Zeit für den Geist, der Blüthenansetzende Frühling desselben zu sein. Tiefe Wahrheiten nämlich lassen sich nur erschauen, nicht errechnen, d. h. ihre Erkenntniß ist eine unmittelbare und wird durch den momentanen Eindruck hervorgerufen: sie kann folglich nur eintreten, so lange dieser stark, lebhaft und tief ist. Demnach hängt, in dieser Hinsicht, Alles von der Benutzung der Jugendjahre ab.

In den späteren können wir mehr auf Andere, ja, auf die Welt einwirken; weil wir selbst vollendet und abgeschlossen sind und nicht mehr dem Eindruck angehören: aber die Welt wirkt weniger auf uns. Diese Jahre sind daher die Zeit des Thuns und Leistens; jene aber die des ursprünglichen Auffassens und Erkennens.

In der Jugend herrscht die Anschauung, im Alter das Denken vor: daher ist jene die Zeit für Poesie; dieses mehr für Philosophie. Auch praktisch läßt man sich in der Jugend durch das Angeschaute und dessen Eindruck, im Alter nur durch das Denken bestimmen. Zum Theil beruht dies darauf, daß erst im Alter anschauliche Fälle in hinlänglicher Anzahl dagewesen und den Begriffen subsumirt worden sind, um diesen volle Bedeutung, Gehalt und Kredit zu verschaffen und zugleich den Eindruck der Anschauung, durch die Gewohnheit, zu mäßigen. Hingegen ist in der Jugend, besonders auf lebhafte und phantasiereiche Köpfe, der Eindruck des Anschaulichen, mithin auch der Außenseite der Dinge, so überwiegend, daß sie die Welt ansehn als ein Bild; daher ihnen hauptsächlich angelegen ist, wie sie darauf figuriren und sich ausnehmen, – mehr als wie ihnen innerlich dabei zu Muthe sei. Dieses zeigt sich schon in der persönlichen Eitelkeit und Putzsucht der Jünglinge.

Die größte Energie und höchste Spannung der Geisteskräfte findet, ohne Zweifel, in der Jugend statt, spätestens bis ins 35ste Jahr: von dem an nimmt sie, wiewohl sehr langsam, ab. Jedoch sind die späteren Jahre, selbst das Alter, nicht ohne geistige Kompensation dafür. Erfahrung und Gelehrsamkeit sind erst jetzt eigentlich reich geworden: man hat Zeit und Gelegenheit gehabt, die Dinge von allen Seiten zu betrachten und zu bedenken, hat jedes mit jedem zusammengehalten und ihre Berührungspunkte und Verbindungsglieder herausgefunden; wodurch man sie allererst jetzt so recht im Zusammenhange versteht. Alles hat sich abgeklärt. Deshalb weiß man selbst Das, was man schon in der Jugend wußte, jetzt viel gründlicher: da man zu jedem Begriffe viel mehr Belege hat. Was man in der Jugend zu wissen glaubte, das weiß man im Alter wirklich, überdies weiß man auch wirklich viel mehr und hat eine nach allen Seiten durchdachte und dadurch ganz eigentlich zusammenhängende Erkenntniß; während in der Jugend unser Wissen stets lückenhaft und fragmentarisch ist.

Nur *wer alt wird* erhält eine vollständige und angemessene Vorstellung vom Leben, indem er es in seiner Ganzheit und seinem natürlichen Verlauf, besonders aber nicht bloß, wie die Uebrigen von der Eingangs-, sondern auch von der Ausgangsseite übersieht, wodurch er dann besonders die Nichtigkeit desselben vollkommen erkennt: während die Uebrigen stets noch in dem Wahne befangen sind, das Rechte werde noch erst kommen.

Dagegen ist in der Jugend mehr Konception: daher man alsdann aus dem Wenigen, was man kennt, mehr zu machen im Stande ist: aber im Alter ist mehr Urtheil, Penetration und Gründlichkeit. Den Stoff seiner selbsteigenen Erkenntniß, seiner originalen Grundansichten, also Das, was ein bevorzugter Geist der Welt zu schenken bestimmt ist, sammelt er schon in der Jugend ein: aber seines Stoffes Meister wird er erst in späten Jahren. Demgemäß wird man meistentheils finden, daß die großen Schriftsteller ihre Meisterwerke um das funfzigste Jahr herum geliefert haben. Dennoch bleibt die Jugend die Wurzel des Baumes der Erkenntniß; wenn gleich erst die Krone die Früchte trägt.

Wie aber jedes Zeitalter, auch das erbärmlichste, sich für viel weiser hält, als das ihm zunächst vorhergegangene, nebst früheren; eben so jedes Lebensalter des Menschen: doch irren Beide sich oft. In den Jahren des leiblichen Wachsthums, wo wir auch an Geisteskräften und Erkenntnissen täglich zunehmen, gewöhnt sich das Heute mit Geringschätzung auf das Gestern herabzusehn. Diese Gewohnheit wurzelt ein und bleibt auch dann, wann das Sinken der Geisteskräfte eingetreten ist und das Heute vielmehr mit Verehrung auf das Gestern blicken sollte; daher wir dann sowohl die Leistungen, wie die Urtheile, unserer jungen Jahre oft zu gering anschlagen.

Ende des Maskenballs

Ueberhaupt ist hier zu bemerken, daß, ob zwar, wie der Charakter, oder das Herz des Menschen, so auch der Intellekt, der Kopf, seinen Grundeigenschaften nach, angeboren ist, dennoch dieser keineswegs so unveränderlich bleibt, wie jener, sondern gar manchen Umwandlungen unterworfen ist, die sogar, im Ganzen, regelmäßig eintreten; weil sie theils darauf beruhen, daß er eine physische Grundlage, theils darauf, daß er einen empirischen Stoff hat. So hat seine eigene Kraft ihre allmälige Dekadenz, bis zur Imbecillität. Dabei nun aber ist andrerseits der Stoff, der alle die Kräfte beschäftigt und in Thätigkeit erhält, also der Inhalt des Denkens und Wissens, die Erfahrung, die Kenntnisse, die Uebung und dadurch die Vollkommenheit der Einsicht, eine stets wachsende Größe, bis etwan zum Eintritt entschiedener Schwäche, die alles fallen läßt. Dies Bestehn des Menschen aus einem schlechthin Unveränderlichen und einem regelmäßig, auf zweifache und entgegengesetzte Weise, Veränderlichen erklärt die Verschiedenheit seiner Erscheinung und Geltung in verschiedenen Lebensaltern.

Im weitern Sinne kann man auch sagen: die ersten vierzig Jahre unsers Lebens liefern den Text, die folgenden dreißig den Kommentar dazu, der uns den wahren Sinn und Zusammenhang des Textes, nebst der Moral und allen Feinheiten desselben, erst recht verstehn lehrt.

Gegen das Ende des Lebens nun gar geht es wie gegen das Ende eines Maskenballs, wann die Larven abgenommen werden.

Man sieht jetzt, wer Diejenigen, mit denen man, während seines Lebenslaufes, in Berührung gekommen war, eigentlich gewesen sind. Denn die Charaktere haben sich an den Tag gelegt, die Thaten haben ihre Früchte getragen, die Leistungen ihre gerechte Würdigung erhalten und alle Trugbilder sind zerfallen. Zu diesem Allen nämlich war Zeit erfordert. – Das Seltsamste aber ist, daß man sogar sich selbst, sein eigenes Ziel und Zwecke, erst gegen das Ende des Lebens eigentlich erkennt und versteht, zumal in seinem Verhältniß zur Welt, zu den Andern. Zwar oft, aber nicht immer, wird man dabei sich eine niedrigere Stelle anzuweisen haben, als man früher vermeint hatte: sondern bisweilen auch eine höhere, welches dann daher kommt, daß man von der Niedrigkeit der Welt keine ausreichende Vorstellung gehabt hatte und demnach sein Ziel höher steckt, als sie. Man erfährt beiläufig was an Einem ist. –

Man pflegt die Jugend die glücklichste Zeit seines Lebens zu nennen, und das Alter die traurige. Das wäre wahr, wenn die Leidenschaften glücklich machten. Von diesen wird die Jugend hin und her gerissen, mit wenig Freude und vieler Pein. Dem kühlen Alter lassen sie Ruhe, und als bald erhält es einen kontemplativen Anstrich: denn die Erkenntniß wird frei und erhält die Oberhand. Weil nun diese, an sich selbst, schmerzlos ist, so wird das Bewußtsein, je mehr sie darin vorherrscht, desto glücklicher. Man braucht nur zu erwägen, daß aller Genuß negativer, der Schmerz positiver Natur ist, um zu begreifen, daß die Leidenschaften nicht beglücken können und daß das Alter deshalb, daß manche Genüsse ihm versagt sind, nicht zu beklagen ist. Denn jeder Genuß ist immer nur die Stillung eines Bedürfnisses: daß nun mit diesem auch jener wegfällt, ist so wenig beklagenswerth, wie daß Einer nach Tische nicht mehr essen kann und nach ausgeschlafener Nacht wach bleiben muß. Viel richtiger schätzt Platon (im Eingang zur Republik) das Greisenalter glücklich, sofern es den bis dahin uns unablässig beunruhigenden Geschlechtstrieb endlich los ist. Sogar ließe sich behaupten, daß die mannigfaltigen und endlosen Grillen, welche der Geschlechtstrieb erzeugt, und die aus ihnen entstehenden Affekte, einen beständigen, gelinden Wahnsinn im Menschen unterhalten, so lange er unter dem Einfluß jenes Triebes oder jenes Teufels, von dem er stets besessen ist, steht; so daß er erst nach Erlöschen desselben ganz vernünftig würde.

Gewiß aber ist, daß, im Allgemeinen und abgesehen von allen individuellen Umständen und Zuständen, der Jugend eine gewisse Melancholie und Traurigkeit, dem Alter eine gewisse Heiterkeit eigen ist: und der Grund hievon ist kein anderer, als daß die Jugend noch unter der Herrschaft, ja dem Frondienst jenes Dämons steht, der ihr nicht leicht eine freie Stunde gönnt und zugleich der unmittelbare oder mittelbare Urheber fast alles und jedes Unheils ist, das den Menschen trifft oder bedroht: das Alter aber hat die Heiterkeit Dessen, der eine lange getragene Fessel los ist und sich nun frei bewegt. — Andererseits jedoch ließe sich sagen, daß nach erloschenem Geschlechtstrieb der eigentliche Kern des Lebens verzehrt und nur noch die Schaale desselben vorhanden sei, ja, daß es einer Komödie gliche, die, von Menschen angefangen, nachher von Automaten, in deren Kleidern, zu Ende gespielt werde.

Abendröte

Der Grundcharakterzug des höhern Alters ist das Enttäuschtsein: die Illusionen sind verschwunden, welche bis dahin dem Leben seinen Reiz und der Thätigkeit ihren Sporn verliehen; man hat das Nichtige und Leere aller Herrlichkeiten der Welt, zumal des Prunkes, Glanzes und Hoheitsscheins erkannt; man hat erfahren, daß hinter den meisten gewünschten Dingen und ersehnten Genüssen gar wenig steckt und ist so allmälig zu der Einsicht in die große Armuth und Leere unsers ganzen Daseins gelangt.

Zwar nehmen, im höheren Alter, auch die Geisteskräfte ab: aber wo viel war, wird zur Bekämpfung der Langenweile immer noch genug übrig bleiben. Sodann nimmt, wie oben gezeigt worden, durch Erfahrung, Kenntniß, Uebung und Nachdenken, die richtige Einsicht immer noch zu, das Urtheil schärft sich und der Zusammenhang wird klar; man gewinnt, in allen Dingen mehr und mehr eine zusammenfassende Uebersicht des Ganzen: so hat dann, durch immer neue Kombinationen der aufgehäuften Erkenntnisse und gelegentlichen Bereicherung derselben, die eigene innerste Selbstbildung, in allen Stücken, noch immer ihren Fortgang, beschäftigt, befriedigt und belohnt den Geist. Durch dieses Alles wird die erwähnte Abnahme in gewissem Grade kompensirt. Zudem läuft, wie gesagt, im Alter die Zeit viel schneller; was der Langenweile entgegenwirkt. Die Abnahme der Körperkräfte schadet wenig wenn man ihrer nicht zum Erwerbe bedarf. Armuth im Alter ist ein großes Unglück. Ist diese gebannt und die Gesundheit geblieben; so kann das Alter ein sehr erträglicher Theil des Lebens sein. Bequemlichkeit und Sicherheit sind seine Hauptbedürfnisse: daher liebt man im Alter, noch mehr als früher, das Geld; weil es den Ersatz für die fehlenden Kräfte giebt. Von der Venus entlassen, wird man gern eine Aufheiterung beim Bakchus suchen. An die Stelle des Bedürfnisses zu sehn, zu reisen und zu lernen ist das Bedürfniß zu lehren und zu sprechen getreten. Ein Glück aber ist es, wenn dem Greise noch die Liebe zu seinem Studium, auch zur Musik, zum Schauspiele und überhaupt eine gewisse Empfänglichkeit für das Aeußere geblieben ist; wie diese allerdings bei Einigen bis ins späteste Alter fortdauert. Was Einer „an sich selbst hat", kommt ihm nie mehr zu Gute, als im Alter. Die Meisten freilich, als welche stets stumpf waren, werden im höhern Alter mehr und mehr zu Automaten: sie denken, sagen und thun immer das Selbe, und kein äußerer Eindruck vermag mehr etwas daran zu ändern, oder etwas Neues aus ihnen hervorzurufen. Zu solchen Greisen zu reden, ist wie in den Sand zu schreiben: der Eindruck verlischt unmittelbar darauf. Das Schwinden aller Kräfte im zunehmenden Alter, und immer mehr und mehr, ist allerdings sehr traurig: doch ist es nothwendig, ja wohlthätig: weil sonst der Tod zu schwer werden würde, dem es vorarbeitet. Daher ist der größte Gewinn, den das Erreichen eines sehr hohen Alters bringt, die Euthanasie, das überaus leichte, durch keine Krankheit eingeleitete, von keiner Zuckung begleitete und gar nicht gefühlte Sterben.

Sonst wollte ich zeigen, wie sich an das Ende der Anfang knüpft, wie nämlich der Eros mit dem Tode in einem geheimen Zusammenhange steht, vermöge dessen der Orkus, oder Amenthes der Ägypter ... nicht nur der Nehmende, sondern auch der Gebende und der Tod das große réservoir des Lebens ist. Daher also, daher, aus dem Orkus, kommt Alles, und dort ist schon Jedes gewesen, das jetzt Leben hat: — wären wir nur fähig, den Taschenspielerstreich zu begreifen, vermöge dessen Das geschieht; dann wäre Alles klar. —

Schlußgebet

Der Geschmack ist verschieden; aber ich weiß mir kein schöneres Gebet, als Das, womit die Alt-Indischen Schauspiele (wie in früheren Zeiten die Englischen mit dem für den König) schließen. Es lautet: „Mögen alle lebenden Wesen von Schmerzen frei bleiben.“

Stich nach einer Fotografie von J. Schäfer, 1859

NACHRUF

Das unbeschreibliche Denkmal

Über Arthur Schopenhauer (1788–1860) ist im Verlaufe von anderthalb Jahrhunderten schon viel geschrieben worden; entschieden mehr, als er selbst hinterließ, wenigstens quantitativ. Solche Denkmalsbeschreibungen können uns emporheben, zumal wenn der querköpfige Reiter, wie hier, auf einem hohen Roß sitzt. (Er konnte übrigens tatsächlich reiten.) Die eigene kritische Besichtigung freilich dürfen sie nicht ersetzen, und die sollte rundherum führen: also weder mit untertänigem Blick von unten nach oben noch allwissend von oben herab.

Diese perfekte Optik eines Denkmalkritikers ist jedem Leser (auch jedem Denkmal) zu wünschen, bleibt aber nur zu oft illusionär. Wir selbst aber dürfen in unserem Fall behaupten, dergleichen auf einer Handvoll Seiten niemals leisten zu können. Andererseits: Vor allem jüngere Leser kennen Schopenhauer häufig kaum selbst dem Namen nach und wissen womöglich ein paar Fingerzeige zu schätzen.

Der Tag war sein

Arthur Schopenhauer kommt am 22. 2. 1788 im damaligen Danzig als Kaufmannssohn zur Welt. Da diese Stadt fünf Jahre später dem preußischen Staat einverleibt wird, zieht die recht wohlhabende Familie in die Freie Hansestadt Hamburg. Die Eltern, die Mutter ist zwanzig Jahre jünger als der Vater, sorgen für mehrere Bildungsreisen durch Europa. Er lernt schon als Kind in den jeweiligen Ländern Französisch und Englisch. Später kommen, da er kein Kaufmann werden will, durch zähes Studium (Privatschüler in Gotha und Weimar, danach Studium an den Universitäten von Göttingen und Berlin) Griechisch und Latein sowie Italienisch und Spanisch hinzu – kein Wunder, daß uns in seinen Werken fortwährend Zitate aus sechs Sprachen (hier übersetzt in eckigen Klammern) nebst diffizilen Fremdwörtern irritieren.

Irgendwann lernte er auch reiten, fechten und Flöte spielen. 1813 erhält Schopenhauer von der Universität Jena sein Doktor-Diplom als „Berufsphilosoph". Nach dem Tode des Vaters – er stürzt sich aus nicht geklärten Gründen vom Kornspeicher – übersiedeln Mutter nebst Tochter nach Weimar. Goethe kommt oft zu Besuch; auch der Sohn lernt ihn kennen. Alsbald überwerfen sich Mutter und Sohn, später nennt sie, die zeitweise ein fideles Leben führt, ihn „überlästig und unerträglich", und sie kommen zeitlebens auf keinen grünen Zweig mehr miteinander. Der Sohn zieht nach Dresden, arbeitet in Sammlungen und Bibliotheken und beginnt mit eigenen Publikationen: „Ueber das Sehn und die Farben" (1816), „Die Welt als Wille und Vorstellung" (1819). Zu seinen weiteren Stationen gehören Italienreisen sowie Aufenthalte in Berlin, wo er einer der von ihm später so geschmähten Philosophieprofessoren zu werden hofft, und dies vergeblich. Aus Furcht vor der Cholera, der sein ebenfalls vielgeschmähter Widersacher Hegel erliegt, flieht er nach Frankfurt am Main. Dort lebt er, nachdem er sich, 57jährig, erstmals eigene Möbel angeschafft hat, bis zu seinem Tode am 21. 9. 1860.

In seinem Testament bedachte er vor allem die „in den Aufruhr- und Empörungskämpfen der Jahre 1848 und 1849 für Aufrechterhaltung und Herstellung der gesetzlichen Ordnung in Deutschland invalide gewordenen Preußischen Soldaten" (im Interesse seiner kostbaren Person, der Umwälzungen nur schaden konnten, stand er immer zur Monarchie) sowie seine Berliner Geliebte, seine Haushälterin und seinen Pudel. Unabhängigkeit ging ihm über alles; er hat darum sein ererbtes und glückhaft vermehrtes Vermögen zeitlebens zäh und erfolgreich verteidigt. Für das tägliche Brot mußte er nicht arbeiten. Der Tag war sein, wie er es selbst einmal ausdrückte. Jeder Tag!

Die „Weiber“

Nicht wenige Leute haben den Philosophen einen Weiberfeind genannt. Das stimmt nur theoretisch, etwa in der Art, wie er schriftlich gegen das Rauchen zu Felde zog und später trotzdem sein Pfeifchen schmauchte.

Als Jüngling lebte er in Hamburg, einer schon damals mit genügend Bordellen versehenen Stadt. Er hat sie zweifellos nicht nur von außen kennengelernt. Nach dieser ungünstigen Einführung ins volle Menschenleben umschwärmte er in Weimar ausgerechnet die Mätresse des Herzogs, die schöne Schauspielerin Jagemann. Ein Liebesgedicht blieb erhalten. Im Alter empfand er es anders und verfaßte für sie das berühmte (in unserer Auswahl enthaltene) Gleichnis von den Stachelschweinen, das er ihr sogar vortrug. Viel mehr spielte sich nicht ab.

Während der Dresdener Zeit gebar ihm eine Kammerzofe einen Sohn, der jedoch alsbald starb. Ein weiterer Sohn kam tot zur Welt. Er entstammte einer Verbindung mit Caroline Richter Medon, einer Berliner Choristin der Königlichen Oper. Ihr blieb er näher oder ferner zeitlebens verbunden. Sie erhielt regelmäßig Geld und wurde auch, wie schon gesagt, im Testament bedacht. Berichtet wird des weiteren von Liebesabenteuern während der Italienreisen.

Übel mitgespielt hat ihm übrigens eine Berliner Näherin, die er, da sie seine Worte in den Wind schlug, gewaltsam aus dem Vorzimmer seiner Wohnung entfernte. Es gab einen langwierigen Prozeß, denn sie verklagte ihn wegen Körperverletzung und ließ sich schließlich für invalid erklären. Schopenhauer mußte sie ernähren, solange sie lebte.

Der Philosoph war, wie er selbst sagt, „arg nach den Weibern". Oft genug hat er sein Naturell verflucht. Vergebens und bedauerlicherweise.

Atma

Der Hund eines Philosophen möchte schon ein philosophischer Hund sein. Deshalb nannte Schopenhauer seinen Pudel „Atma", das bedeutete Weltseele, im Sinne eines Urwesens, in allem Lebendigen wiedererkennbar. Da mit zunehmenden Jahren und mit zunehmender Taubheit (nach eigenen Worten) „die Einsamkeit zu seiner Geliebten" wurde, hing der Philosoph mit großer Liebe an seinem Vierbeiner, der auf einem Bärenfell schlief. Dieser rührende Zug, zu dem auch die scharfe Verurteilung jeder Tierquälerei gehört (er war Mitglied eines Tierschutzvereins), hängt außerdem mit der Skepsis gegenüber den Mitmenschen zusammen. Einem Epigramm Goethes, das wir voranstellen, setzte er ein Anti-Epigramm entgegen.

Wundern kann es mich nicht, daß Menschen die Hunde so lieben;
Denn ein erbärmlicher Schuft ist, wie der Mensch, so der Hund.

Schopenhauer aber:

Wundern darf es mich nicht, daß manche die Hunde verläumden:
Denn es beschämet zu oft leider den Menschen der Hund.

Unsere Auswahl

Sie bietet Bruchstücke aus einem Werk von mehreren tausend Seiten. Ein Unding gegenüber einem Autor, der nachdrücklich forderte, daß man jede seiner Zeilen lese, und das möglichst zweimal! Außerdem sagte er: „Meinen Fluch über jeden, der bei künftigen Drucken meiner Werke irgend etwas wissentlich ändert, sei es eine Periode oder auch nur ein Wort, eine Silbe, ein Buchstabe, ein Interpunktionszeichen.“

Was nun? Schon wegen des Fluidums blieben alle seine Silben, Buchstaben und Interpunktionszeichen erhalten. Es kommt freilich viel schlimmer: Seinen zahlreichen Abhandlungen, die wir hier wiedergeben, fehlen ganze Absätze, Seiten und Kapitel! Eine ebenso unverzeihliche wie unvermeidliche Vergewaltigung.

Die Schuld trifft den Verfasser selbst. Warum hat er sich auf beschwerliche, ja fatale Art derart oft selbst wiederholt? Gründe gab es schon. Je länger man ihn nicht las, und das tat man fast zeit seines Lebens, um so mehr befürchtete er, mißverstanden zu werden. Zum andern beseelte ihn die Hoffnung, doch noch nachaufgelegt zu werden und die Zusätze einfügen zu können. Das gelang in absehbarer Zeit nicht. Dadurch hat er beispielsweise sein Hauptwerk, „Die Welt als Wille und Vorstellung“, gleichsam zweimal geschrieben. Die erste Auflage erschien 1819, die zweite nach 25 Jahren, 1844! Dieser Auflage fügte er die Ergänzungen als zweiten Band bei; er war umfangreicher als der erste! Wer sieht da noch durch?

Um übertriebene Vorstellungen auszuschließen: Von der ersten Auflage werden bei Brockhaus 750 Exemplare gedruckt – zwei Jahre nach dem Erscheinen sind kaum 100 verkauft! Von der zweibändigen Ausgabe druckt man 500 Stück vom ersten und 750 vom zweiten Band. Vergriffen sind sie erst 14 Jahre später. Auf Honorar mußte er verzichten.

Selbst das populärste Werk mit dem unpopulären Titel „Parerga und Paralipomena“ (Nebenwerke und Nachträge) kam 1851 bei einem mühsam gefundenen Verlag mit nur 750 Exemplaren heraus. Die zweite Auflage folgte nach neun Jahren. Die erste Auflage der »Sämtlichen Werke“ gab es 1874, die zweite 1877.

Nach seinen eigenen Stilregeln war unser Autor — ein glänzender Denker, also ein glänzender Stilist — immerzu auf Klarheit und Kürze versessen. Klar ist das meiste. Kurz nicht. Den Autor selbst muß eines Tages die Gedankenfülle erdrückt haben — er hinterließ einen philosophischen Roman in unzähligen Fortsetzungen. Das mag unsere Kürzungen legitimieren. Die eingefügten Überschriften werden dem besseren Verständnis dienen; sofern sie von Schopenhauer stammen, erhielten sie ein*.

Der bedeutende Kopf

Über die Welt macht sich jeder so seine Gedanken, mehr oder weniger, gewollt oder ungewollt — nützliche, überflüssige, tiefe, flüchtige, heitere, ernste ...

Alte und neue Denker helfen unserem Denken nach, wobei wir als Kriterium an den bekannten Satz von Karl Marx erinnern, daß „die Philosophen die Welt nur verschieden interpretiert haben, es aber darauf ankomme, sie zu verändern". Schopenhauer hat die Welt, auf zahlreichen Vorgängern fußend, ganz auf seine Weise betrachtet und es sich in den Kopf gesetzt, nun endlich alle Welträtsel zu lösen, ja, nach seinen Worten, „die Spur seines Geistes dem ganzen Menschengeschlechte aufzudrücken". So entstand ein System, das die Welt „als Wille und Vorstellung" auffaßt. Die reale Welt existiert zwar, aber stets in Abhängigkeit vom Subjekt und dessen Vorstellung. Der „Wille" ist nicht mit unserem Wollen gleichzusetzen, sondern versteht sich hier als ursprüngliche Kraft, als Naturkraft, als „Ding an sich". Dieses theoretische System überlassen wir dem Spezialisten. Uns geht es um praktische Einsichten, um Einsichten, die mehr sein können als lediglich ein Spiegel ihrer Zeit oder lebensferne Denkspiele. Wie kaum ein anderer hat Schopenhauer, freilich unter starker Vernachlässigung historischer Prozesse und gesellschaftlicher Zusammenhänge, das menschliche Handeln, das Handeln des einzelnen unter die Lupe genommen. Häufig eilen seine Urteile der Zeit voraus. Denken wir an seine Ansichten über das Duell, die Geschlechtsliebe, die Religion. Oft prangert er Mißstände an. (Schon als Heranwachsender hatte er maßloses Elend in mehreren Ländern Europas gesehen.) Seine Aufrichtigkeit, seine Vernunftliebe und sein Gerechtigkeitsgefühl stehen außer Zweifel. So wetterte er mit all seiner brillanten Sprachgewalt nicht nur gegen Eitelkeit, Hochmut, Dummheit und Philistertum, sondern verwarf auch mit aller Schärfe die Verdummung durch Bigotterie, das Elend der Negersklaverei („ein Schandfleck der ganzen Menschheit"), die Drangsal der armen Weber, die brutale Ausbeutung der Kinder in den Fabriken, das soziale Elend („statt Hütten für sich bauen Tausende Prachtwohnungen für wenige"), den Krieg („die meisten Kriegszüge sind Raubzüge"). Ohne Rücksicht auf Verluste nannte er alle Dinge beim Namen. Was Wunder, wenn diesem unbequemen Grobian keiner zuhörte! Er hatte es glänzend verstanden, alle und jeden rundum zu beschimpfen und zu beschämen: Die „gute Gesellschaft" kritisierte er wegen ihrer Langweiligkeit und Prunksucht, die Gelehrten und Universitätsprofessoren (ein Lieblingsbeschimpfthema) waren a priori Trottel und Liebediener der Minister. Im Staatswesen dominierten arme Kreaturen, stets bemüht, bei ihren Bücklingen „volle 90° zu erreichen". Die Journalisten – allesamt Skribler. Als Rest blieb „der gemeine Haufe", „der Pöbel", „die Fabrikware der Natur" . . .

Und trotzdem: Er dachte an das – ihm so unerreichbar erscheinende – Menschenglück, an Besserung gar (durch Bildung) und Heiterkeit zur Lebensbewältigung. Ja, der fanatische Geniekultler, kopflastige Intelligenzler und ungesellige Grobian entdeckte und bewunderte sogar die *Herzensgüte!* Denn: „Der Mensch für sich allein vermag gar wenig und ist ein verlassener Robinson: nur in der Gemeinschaft mit den andern ist und vermag er viel."

Der knapp 40 Jahre ältere Goethe schrieb: „Dr. Schopenhauer ist ein bedeutender Kopf.“ Und später: „Ein Besuch Doktor Schopenhauers, eines meist verkannten, aber auch schwer zu kennenden, verdienstvollen Mannes, regte mich auf und gedieh zur wechselseitigen Belehrung.“ Beides ist hervorhebenswert: das Verkanntsein wie die schwere Erkennbarkeit. Und das bis heute.

Diese Philosophie konnte deshalb nie massenwirksam werden, und sie war auch, im ganzen, nie chauvinistisch mißbrauchbar. Das Begreifen dieses leicht chaotischen und verschachtelten Systems setzte ein zeit- und denkaufwendiges Studium voraus — auf der Basis einer gediegenen humanistischen Bildung. In Europa konnten um 1830 zwei Drittel der Bevölkerung nicht einmal lesen! Und gar noch einen Philosophen. Es sei an die vorn genannten Auflagenhöhen erinnert. Zu Lebzeiten des Autors erwies sich seine Ausstrahlung als äußerst schwach. Seine ersten Anhänger waren meist Juristen. (Im übrigen hatte er auch stets genügend rabiate Gegner!) Nach der gescheiterten Revolution von 1848/49, in der Restaurationsperiode, stieg die Zahl der Verehrer an, mochte dies auch großenteils auf einem Halb- und Mißverständnis beruhen. Die Berührungspunkte sind oberflächlich: Wenn es einem schlecht geht, dann gewährt es Trost nachzulesen, daß die Welt ohnehin schlecht ist und es gar nicht anders sein kann.

Mehr als *ein* Dichter und Künstler fand lobende Worte: Jean Paul, Friedrich Hebbel, Wilhelm Raabe, Wilhelm Busch (er hat ihn mit Pudel gezeichnet), Richard Wagner, Lew Tolstoi, Friedrich Nietzsche (zeitweise), Thomas Mann ... Recht euphorisch schreibt Tolstoi: „Ein unwandelbares Entzücken an Schopenhauer und eine Reihe geistiger Genüsse durch ihn haben mich erfaßt, wie ich sie nie bisher empfunden. Ich weiß nicht, ob ich die Meinung je ändern werde, aber gegenwärtig finde ich, daß Schopenhauer der genialste der Menschen ist.

Es ist eine ganze Welt in einem unglaublich kleinen und schönen Spiegelbilde."

Schopenhauer hat „so tief in die Dinge hinuntergesehen, wie nur ganz selten einer vor ihm und nach ihm" (Tucholsky). Ihm geht es nicht um gelegentliches Unbehagen oder Unglück, sondern um das Leid schlechthin, um den Schmerz, die Vergänglichkeit, den Tod. Gegebenheiten, die sich verdrängen, aber nicht widerlegen lassen. Oder doch? Durch einen vorsätzlichen Optimismus, durch ein sinnreiches, humanes, tätiges Leben.

Es war, seinerseits, die Behauptung so übereilt wie überflüssig, daß das Nichtsein dem Sein vorzuziehen sei. In diese Lage kam auch er ganz von selbst und, wie so oft, früher als erwartet.

WORTERKLÄRUNGEN

actualiter: wirklich, wirksam, gegenwärtig
Aequivalent = Äquivalent: Gegenwert, Ersatz
aerobatisch: luftwandlerisch
Affektation: Ziererei, Gehabe
Akkommodation: Angleichung, Anpassung
Analogon: gleichartiger Fall
anticipiren = antizipieren: (gedanklich) vorwegnehmen
a posteriori: nachher, nachträglich; aus der Erfahrung stammend
Apotheose: Verherrlichung, Vergöttlichung
Apperception = Apperzeption: Auffassung, Wahrnehmung, Begreifen
Apperçüs = Aperçus: geistreiche Einfälle
apprehendiren = apprehendieren: ergreifen, auffassen, inne werden
approximativ: annähernd, ungefähr
a priori: von vornherein, ohne erfahrungsmäßige Grundlage gegeben, aus der bloßen Vernunft stammend
Assignation: Geld- oder Zahlungsanweisung
ätherisch: himmlisch
Attention: Aufmerksamkeit
Autos de Fe = Autodafé: Glaubensgericht, Ketzerverbrennung
Aventurino = Aventurin: Schmuckstein

Blasphemie: Verhöhnung, Beschimpfung
Boussole: Kompaß

cerebral = zerebral: Das Zerebrum (Großhirn) betreffend
Chiliade: eine Zahl oder Sammlung von 1000, Glaube an ein tausendjähriges Christusreich. Chiliast — Anhänger dieser Lehre
Chimmäre = Schimäre, Chimäre: Trugbild, Hirngespinst
Collocutor: Gesprächspartner
Consommé = Konsommee: Kraftbrühe

degoutirt = degoutiert: anekeln, anwidern
Deliberation: Beratung, Überlegung
desavouiren = desavouieren: nicht anerkennen, ableugnen
Desimulation: Nicht-Vortäuschung
desultorisch: unbeständig, wankelmütig

Dignität: (hohe) Würde
diluiren = *diluieren:* verdünnen
Diversion: hier Ablenkung, Störung

eminent: hervorragend, außerordentlich
ephemer: eintägig, kurzfristig, vorübergehend
Epitheton: Beiwort
Epopte: in den eleusinischen Geheimkult Eingeweihter
Exemtion: Befreiung von Lasten oder Pflichten

Flagellant: Geißler, Geißelmönch
Fokus: Brennpunkt
Frustra: Täuschung
futil: nichtig, seicht, untauglich

generisch: das Geschlecht, die Gattung betreffend
Gnome: Sinn- oder Denkspruch

heterogen: ungleichartig
homogen: gleichartig
Huris: Frauen von unvergänglichem Reiz im islamischen Paradies

Idololatrie: Götzendienst
imaginär: nur in der Einbildung bestehend, scheinbar
imbecill: mittelgradig, schwachsinnig
immanent: innewohnend
Indignität: Unwürdigkeit
Inferiorität: das Untergeordnetsein
inkommensurabel: nicht meßbar, nicht vergleichbar
inkongruent: nicht übereinstimmend, ungleich
inkonsistent: unzusammenhängend, unbeständig
intrikat: verworren, verwickelt
intuitiv: gefühlsmäßig, instinktiv
Irritabilität: Reizbarkeit, Erregbarkeit

kompetiren = *kompetieren:* sich mitbewerben, zuvorkommen, gebühren
koncis = *konzis:* kurz, gedrängt
Konklusion: (logische) Folgerung, Schlußsatz
Kontrebande: hier Schutzwall
Kothurn: hochsohlige Fußbekleidung antiker Schauspieler

laviren = *lavieren:* vorsichtig zu Werke gehen, sich durchwinden
Liaison: Verbindung, Liebesverhältnis

Madrigal: kurzes zärtliches Gedicht, Schäfergedicht
medioker: mittelmäßig
myop: kurzsichtig

obskur: dunkel, unklar, verdächtig
Oscillation = *Oszillation:* Schwingung

Palingenesie: Wiedergeburt, Wiedererzeugung
palpabel: tast-, fühl-, greifbar, offenbar
Parallaxe: Veränderung des wahren und scheinbaren Sternenstandes
Paraphrase: Umschreibung
partie honteuse: Schändlichkeit
pekuniär: geldlich, das Geld betreffend
Penetration: Durchdringung
Perpetuität: ununterbrochene Fortdauer
petrificiren = *petrifizieren:* versteinern
Portefeuille: Brieftasche, Aktenmappe; Schrifttasche des Ministers, auch sein Geschäftsbereich
Portentum: Ungeheuer, Mißgestalt
Präkonen: Ausrufer
Prätension: Anspruch, Anmaßung
Prävenire: das Zuvorkommen
pretiös = *preziös:* geziert, geschraubt, kostbar
Primogenitur: Erstgeburt
Prius: das Erste
Propagation: Fortpflanzung
Prosperität: Wohlstand
Proteus: ein Wandelbarer, Vielgestaltiger; urspr. Meeresgott

respektiv: gebührend, nach Befinden, Umständen
respirabel: atembar
rockiren = *rochieren:* Position (häufig) wechseln
ruminiren = *ruminieren:* noch einmal überlegen, eigentl. wiederkäuen

Sensibilität: Empfindsamkeit, Feinfühligkeit
Simonie: Schacher mit geistlichen Ämtern
Simulation: Vortäuschung
Skribler: Schreiberling
skrutinirt = *skrutiniert:* geprüft
Societät = *Sozietät:* Gesellschaft
Sockus: niedriger leichter Schuh antiker Schauspieler
sonor: klangvoll, wohlklingend

Sottise: Grobheit
Specimen = *Spezimen:* Probe, Muster
Stratagemata: eigtl. Kriegslisten
Stupa: Behälter von Heiligtümern oder Reliquien
sublim: erhaben
Substitut: Ersatzmann, Stellvertreter
subsumiren = *subsumieren:* unterordnen, einordnen
Succeß = *Sukzeß:* Erfolg
successiv = *sukzessiv:* allmählich eintretend
Superstition: Aberglaube
Suppression: Unterdrückung, Zurückdrängung
Surrogat: Ersatz, Ersatzmittel

Terminus technicus: Fachwort
tingirt = *tingiert:* gefärbt
transscendent = *transzendent:* die Erfahrung überschreitend, übernatürlich

unificiren = *unifizieren:* vereinheitlichen, in eins verwandeln
unisono: im Einklang

Veneration: Verehrung
vexiren = *vexieren:* quälen, necken
vice versa: umgekehrt
Virtualität: (innewohnende) Kraft oder Möglichkeit
Vulgus: Volk, der „große Haufe“

INHALT

MAXIMEN UND WEISHEITEN
von Arthur Schopenhauer
Auswahl von Werner Hirte
Illustrationen von Wolfgang Würfel

VERLAG WERNER DAUSIEN · HANAU
ISBN 3-7684-4053-2